京料理の迷宮

奥の奥まで味わう

柏井壽

光文社新書
059

京料理の迷宮 奥の奥まで味わう

柏井壽

光文社新書

目次

写真・高橋由二

第一章　京料理とは何か

京料理と〝京都らしい〟料理

「美味《おい》しい京料理の店を紹介して」

京都を旅する知人友人から決まってこう頼まれる。

年に数回も京都へやって来るような京都通は、お昼に「なかひがし」をとか、夜は「さゝ木」をとか、行きたい店がはっきり決まっているので、僕は仲介役を務めるだけ、後は運次第となる。

だが問題は、滅多に京都へ足を運んだことのない人が、桜や紅葉に誘われてやって来るケースである。これが実は、相当な難問なのだ。

そもそも、京料理とは何なのか、これが、さっぱりわからない。京都に生まれ育って五十年。今もって、これが京料理だ、というものを僕は食べたこともなければ、見たことすらないのだ。幾人かの名だたる料理人に尋ねても、明確な答えは得られない。なのに、巷《ちまた》には「京料理」が氾濫《はんらん》している。

看板に「京料理○○」と堂々と大書する店も決して少なくないし、雑誌やテレビが京都を取り上げれば大抵、京料理と称するものを食べるシーンが登場する。曰《いわ》く、「京都へ来たら京料理を食べなくっちゃね」。

かくして、京都を旅するには「京料理」が不可欠、という思い込みが成立するわけで、結果、僕はどんな店を紹介すればいいのか、大いに悩む仕儀となる。


隅々まで打ち水された細くて長い石畳の路地を歩いて玄関へ。「おこしやすぅ。ようこそぉ」。やわらかい京言葉を巧みに操る女将《おかみ》、ＢＧＭの琴の音に合わせた出迎えに緊張がふわりと解ける。迷路のような長い廊下、仲居さんの後について、ようやく辿り着いた座敷は狭く暗いが、黴《かび》臭さにさえ歴史の重みを感じてしまう。小さいながらも坪庭の眺めに心が安らぐ。さすが京都だ。読めはしないが、何やら由緒《ゆいしょ》ありげな掛け軸などを眺めていると、料理がしずしずと運ばれて来る。京焼の華やかな器に上品に盛られた季節の前菜。彩りも鮮やかで、と見とれていると、仲居さんが「おひとつ、どうぞぉ」と徳利《とっくり》を傾ける……。

と、まぁ、きっとこんな店を願っているのだろうことは容易に想像がつく。つまりは、京料理、即ち、京都らしい雰囲気の中で食べる料理、と多くは捉えているのだから。しかし、ここで出される料理が真の「京料理」かというと、決してそうとは言い切れないのが難しいところだ。

四つの原型

では、真の京料理とは何か。その答えを探るには、京都の歴史的背景（何時《いつ》からどうなった）と、地理風土的特質（何処《どこ》でどうなった）、この二つに分けて考える必要がある。

先《ま》ずは歴史的背景から。

京都、千年の都である。京料理の源は平安京にあるといっていい。料理研究家によっては、古代神話、磐鹿六雁命《いわかむつかりのみこと》にまで溯《さかのぼ》ることもあるようだが、日本料理全体ではなく、あくまで京料理の源流を辿るには都を定めた平安京からで充分だろう。

今から千二百年も昔、京都に都が置かれた。都だから、天皇がおわしますわけで、つれて、貴族や公家、いわゆる殿上人《てんじょうびと》が「おじゃる、おじゃる」と御所《ごしょ》に集うことになる。普段はさほどでもないにせよ、節会《せちえ》や祝い事があった時などは、さぞや晴れやかなご馳走が並んだことだろう。そして、この、御所風とでも言うべき料理は、室町、江戸時代と武家文化が発達するに連れ、雅《みやび》から賑わいへ、饗宴の色合いが濃くなり、やがて有職《ゆうそく》料理と形作られていくことになる。

この有職料理こそが京料理の原型である。

有職とは、

朝廷や武家の官職・典礼に関する知識。また、それに詳しい人

と『広辞苑』にある。つまりは、高貴な人達の儀式に則《のっと》った料理と言い換えることが出来る。この有職料理が今日の京料理に伝えた要素は雅な空気と厳《おごそ》かな形式。雅やかな中にも、きちんとした食事作法に従うのが京料理の特性とするならば、その基となるのが御所からはじまった有職料理、いわば、骨格を為《な》すものなのである。そして、平安京以降、歴史の様々がこの骨格の上に肉付けされていったのである。

例えば精進《しょうじん》料理。

京都に数多くの寺院があることを考えれば、寺方の食事である精進料理が町方に少なからず影響を与えたことは間違いないだろう。獣肉は勿論のこと、魚介もすべて、なまぐさものを一切排したことから、野菜や、豆腐、湯葉、生麩《なまふ》など限られた食材を巧みに調理し、独自

の食形態を作り上げた。これらの食材が今日の京料理に欠かせない存在であることは、頭に「京」を付ければ、京名物になることからもよく解る。即ち、京野菜、京豆腐、京湯葉、京生麩。

麩屋町、という地名が残っているくらいだから、これら食材業者は軒を並べ、質を競い、鎬《しのぎ》を削ったことだろう。御所御用、○○寺御用、そう店の看板にあるのは、職人の誇り、勲章である。精進料理が京料理に肉付けしたのは、肉や魚に頼らずとも美味しく食べられるということと、加えて地の素材を厳しく選別吟味する土壌を作ったことである。

或いは茶懐石。

言うまでもなく、京都は茶の湯の総本山である。室町時代、村田珠光《むらたじゅこう》が祖となってはじめられ、千利休が完成させたという茶道。その子孫である三千家の家元が京都の地でそれぞれの流派を確立し、茶の道を説いてきた。そしてその茶の湯に欠かせないのが、茶を出す前に供する食事、懐石である。

懐石、懐《ふところ》の石と書くように、元を糺《ただ》せば、禅僧が空腹を満たす為に、温めた石を懐に忍ばせた故事に由来する。つまりは必要最小限の料理を懐石と呼んだのであり、一汁三菜をその基本とした。ただ、簡素なるが故に、茶の湯ならではの美学を貫き、器、作法も含めて、食にも美意識が必要であることを知らしめたのだ。

茶懐石から京料理へと受け継がれたのは、食事はあくまで簡素に、という精神と共に、簡素故の美意識である。

更には伝来の料理。

一六世紀頃から描き始められた「洛中洛外図」は、京の都の賑わい振りを伝える貴重な資料だが、そこには幾度となく南蛮人が描かれ、下って、江戸期に入ると朝鮮通信使の姿が目につくようになる。京の都では国内のみならず、諸外国とも盛んに交易が行われていたことを示していて興味深い。これらの交易が日常的に行われていたとするならば、食文化の面でも交流があったのは当然のことだったはずである。

卓袱《しっぽく》料理の老舗「鳥居本《とりいもと》」は江戸・享保年間の創業である。祇園・八坂神社の大鳥居の前に店を構えたことから、この名がついたと言われている。唐風の卓袱料理は中国から長崎へ、そして、いち早く京都祇園へと伝わったのである。

諸国伝来料理。新し物好きの京都人気質からすれば異国の食材、調理法を取り入れるのは、至極自然な流れであったに違いない。伝来の料理をも取り込む幅の広さ、京の都人の進取の気性は料理にも活かされた。

かくして、有職、精進、茶懐石、伝来、この四つの料理が時を経て絡み合うことで今の京料理の骨組み、柱が立ったのである。

海からの距離が独自の食文化を生む

「京料理」を一軒の町家に喩《たと》えるなら、この歴史的背景が柱であり、屋根や壁に当たるのが京都の土地風土、その特質である。

案外、忘れられがちだが、京都は山国である。京都府全体を見るなら、丹後地方で日本海と接するが、都として見た京都は海から遠い山国である。

京都の町中なら何処からでも山が見える。北、西、東、三方を山に囲まれた盆地。東山三十六峰こそ、ゆるやかな山並みだが、西山、北山は険しい峰が奥山に連なっている。

冬、滅多に積もらない雪で、白い大文字が薄っすらと浮き上がる東山如意ヶ嶽も京都市なら、深い雪に閉ざされ、市中との往き来が途絶えることも少なくないという久多の里も又、京都市なのである。

海から遠い山国、即ち、新鮮な魚が入手し辛《づら》い、という訳で、様々な工夫が生まれ、そこから独自の食文化を築いたのはご承知の通りである。

最も有名なのが塩鯖《さば》。

「京は遠ても十八里」若狭小浜の魚市場にそう刻まれている。若狭の港に揚がった鯖に一塩《ひとしお》あてて京の都へ運ぶ。十八里というから約七二キロの山道を運ばれるうち、いい按配《あんばい》に塩がまわって、京都に着いた頃、ちょうど食べ頃になっていたという。

若狭から幾つかの峠を越えて京都へ。何時しかこの道を鯖街道と呼ぶようになり、人の足から車にと、輸送手段こそ変ったものの、鯖や若狭ぐじなど、今でも日本海の幸はこの道を通って、京都へ運ばれる。

キズシ、味噌煮、焼き鯖。鯖は平成の世でも、定食屋や居酒屋では有数の人気を誇っていて、時を経て尚、京都人には極めて馴染みの深い魚のひとつである。とりわけ、鯖寿司は春秋の祭礼に欠かせない、代表的な京名物であり、その鯖寿司にのせる昆布も又、北前船ではるばる北海道から運ばれて来たというのが興味深い。

北前船は松前を出て、日本海沿岸に沿って西に進み、関門海峡から瀬戸内海に入り、大坂へと辿る。本州をぐるっと一回りして大坂に運ばれた昆布は出汁《だし》昆布として、塩昆布として、京、大坂に欠かせない食材となっていった。今も大阪では塩昆布を名物として商う店が多く残っている。大坂から以外に、京都へは敦賀から琵琶湖を通って近道するルートもあったようで、いずれにしても、良質の道産昆布が京都へ入って来たのである。

豊富な水と山の幸

俗に、京の薄味、といわれるが、意外に京都人は、こってりした濃い味を好む。ただ、吸い物やうどんの出汁色が薄いことから、そう思われているに過ぎず、色から来る錯覚である。もしくは、京都人が薄味を好まないと、イメージにそぐわないから、かも知れない。いずれにせよ、京都人の多くは、あっさり、より、こってり、を好む。

出汁の色が薄い、というか、淡いのには訳がある。

良質の昆布と鰹節、とりわけ昆布をふんだんに使うことで、味に深みを出し、塩分は少なくても充分に旨みを感じることが出来る。よって、醤油を使う量が少ないので、色が薄く見えるのだ。この京都流出汁の取り方で重要な役割を演じるのが道産の昆布、そして京都の水である。

京都は三方を山に囲まれた盆地であるが故、地下水を豊富に湛《たた》えている。ちょっとした町家なら、大抵は通り庭に井戸があり、料理には勿論この井戸水を使っていた。保健所の許可が厳しいせいで、実際の使用は中々困難ではあるが、昨年祇園下河原に移転した「よねむら」

でも、その名残の井戸を見ることが出来る。

また、嵯峨豆腐の老舗「森嘉《もりか》」や、生麩《なまふ》の「麩嘉《ふうか》」など、今も地下水を使って豆腐や麩、湯葉を作っている店は多く、銀閣寺の「草喰なかひがし」のように、料理に湧《わ》き水を使っている料理屋も決して少なくない。京都の料理と地下水は切っても切れない間柄である。

更には、この地下水が多くは軟らかい水なので、昆布出汁を取るのに極めて好都合だったのである。同じ昆布を使っても、関東で上手く昆布の旨みを引き出せなかったのは、地質、土壌の違いであったという。関東と関西の味の違い、その要因のひとつは水にあったというわけだ。

水、水菜、女、染め物、みすや針、豆腐、生麩、うなぎ、松茸

京の良きもの、として江戸で歌われたという、わらべ歌にも真っ先に、水が挙がっている。京都を代表する寺院、清水寺《きよみずでら》。その名の由来は文字通り、清い水が湧き出たからで、今も音羽の滝から流れ落ちる水を求めて参拝客の列が絶えない。この清水寺の直ぐ近く、祇園に名料亭が集まっているのも、水と無縁ではないだろう。

山が間近に迫る盆地ならではの恩恵は水の他にもうひとつある。それは当たり前ではあるのだが、山の幸が手近にあるということ。

例えば、先のわらべ歌にあった松茸。今は数でこそ輸入品に敵《かな》わないが、質で競うなら圧倒的に国内産。それも丹波をはじめとする京都近郊の山々で採れる松茸は最上級の評価を得ている。

寺町三条「とり市」。秋の盛りになるとここの店先は松茸一色になる。店の前を自転車で通り抜けただけで、ぷーんと松茸特有の香りが漂ってくるほどで、進物用の竹籠に盛られた見事な松茸は、京都の北・周山《しゅうざん》から丹波辺りで収穫された、所謂《いわゆる》地山もの。「ひと籠十五万円！」などと書かれた札に溜め息を洩らしつつ、中国産を買って帰り、本日の地山松茸の相場を格好の話題にしながら、まるで仇討ちのように、すき焼きにどっさり入れて楽しむのが多くの京都人の日常である。地山松茸は、日頃世話になっている知人への贈答品としてクロネコに頼んで届けるものなのだ。普段は質素に暮らし、使う時は派手に使うのも又、京都人気質である。

では京都の料理屋ではどうかと言うと、これも中々厳しいものがある。原価を考えると幾《いく》らの料金になるのか恐ろしい限りだ。地山の松茸をふんだんに使った料理を食せば、一人数万円は覚悟しなければならないだろう。多くは他県産、もしくは輸入ものに頼っているのが現実である。

この「とり市」、春には筍《たけのこ》一色となる。これは京都の西山、乙訓《おとくに》、塚原辺りで朝掘りされたものが昼過ぎには店先に並ぶというわけで、こちらの方は、少し奮発すれば買えなくもないので、京都の家庭でも食膳に上ることも、たまにはある。これはしかし、底冷えの京都を無事に過ぎ越して来た自らへのささやかなご褒美でもあるのだ。

敢《あ》えて「京料理」というものを定義づけるなら、これらの柱と壁を組み合わせた一軒の町家ということになるだろう。

決して稀少なものではなく、しかしその質を充分に吟味選別した食材を（精進）、簡素な美しさを湛えた膳に（茶懐石）、雅で厳かな空気を感じさせ（有職）、絶えず進取の気性をもって（伝来）料理にのぞむ。これらを柱として、一方で、身近で新鮮な山の幸を主にして、遠来の海の幸に手を加え、潤沢な水を使って美味しさを表現する。こんな壁を作り、出来上がった町家こそが、即ち京都ならではの料理なのである。

とするならば、巷に溢《あふ》れる「京料理」は、そのほとんどがこの範疇《はんちゅう》に入らないことになる。

どころか、全く逆のベクトルを軸にした料理の方が圧倒的に多い。真の京料理は何処へ行ったのか。これをして、京料理の迷宮と呼ぶのだ。そして、迷宮をさ迷う旅はまだまだはじまったばかりである。

第二章　京都人は何を食べてきたのか

最初に菜っぱありき

「京料理」と呼ばれるものの成り立ちを検証し、凡《およ》その定義を試みて、ますます迷宮に入り込んでしまった。改めて「京料理」が難敵であることに気づかされた次第。概念から解き明かすことは極めて困難なのである。

では、視点を変えて、京都に都が置かれた平安京から、京都の人々は一体何を食べてきたのか、具体的に辿ってみることにする。遠い過去から現在に至るまで、迷宮のあちこちに点在する京の伝統食を見ることで、京料理の真の姿を浮かび上がらせようというわけだ。

京都に都が置かれる遥か以前から、京都人のみならず、日本人の食といえば「菜」であった。

あすよりは　若菜採まむとしめし野に　昨日も今日も雪は降りつつ

と山部赤人《やまべのあかひと》が詠んだのは奈良時代。

百年の後、京に都が置かれてからも、

君がため　春の野に出でて若菜摘む　わがころも手に雪は降りつつ

光孝天皇が詠んだのは平安前期。

百年以上もの間、いや、実際はその前後、何百年も、毎年同じような光景が繰り返され、同じようにその情感を歌い上げてきたことに先ず驚かされる。昨今の目まぐるしい、世の移り変わりに翻弄される現代人には羨《うらや》ましいまでの長閑《のどか》さである。

それはさておき、この二つの歌に詠まれた「若菜」である。

若菜は、文字通り、冬を越して、春に出て来る新菜のこと。

新年。年が改まって、雪の狭間から顔を覗かせる若い菜を摘み、大切な人に捧げる。新菜は、新たな命の息吹。強固な生命力を感じさせ、不老長寿の妙薬とさえ思われていた。大切な人に、健《すこ》やかに、少しでも長く生き永らえて欲しいという思いが込められていたのであろう。

新年の最初の子《ね》の日に七種の新菜を捧げた習わしが、今日の七草粥に受け継がれている。

当時、子の日の前日、厳寒の野に出て若菜を摘む姿は、京都郊外のあちこちで見られたといい、それをして、「若菜迎え」と呼んだのだそうだ。何と、美しく風雅な言葉だろう。それに比べて、今日、スーパーやデパートに積み上げられたパック入りの七草の、何と侘《わび》しい眺めだろうか。それでも、七草を祝う習慣が未だ残っているだけでも佳《よ》し、としなければならないのが如何《いか》にも寂しい。

また迷宮で横道に迷い込んでしまった。

話を元に戻すと、京都人が食べてきたものの第一は「菜」、即ち野菜だったということだ。更には、七草粥に見られるように、菜と穀類を一緒に炊いて粥状にして食べるのが、ごく一般的な食事の形だったのである。

今日、日本人の主食は言うまでもなく、米であり、米は穀である。だが、穀即ち米、ではない。

縄文末期からはじめられていた稲作だが、米が日本中に潤沢に行き渡るような時代はほとんどなかったようだ。いわば、我が国稲作の歴史は慢性的な米不足の連続であり、米の奪い合いが歴史を変えてきたとも言える。我が日本では、全国民に行き渡らない米を如何に上手《うま》く分配するか、不平不満を募らせないようにするか、が為政者の一番の仕事だったのである。五穀豊穣《ごこくほうじょう》という祈りがある。家内安全と同じくらい一般的な祈りとして捧げられる言葉の五穀とは、米、麦、豆、粟《あわ》、黍《きび》。この五つの穀物を指すのが一般的だが、黍の代わりに稗《ひえ》を入れる場合もある。何《いず》れにせよ、多くの民は、米以外のこれらの穀類を茹《ゆ》で、雑炊、或いは粥状にして、そこに菜を入れて食べるのが普通の食事であったようだ。もっとも、それら雑穀ですら潤沢に収穫出来なかったからこそ、祈ったのだろうけれど。

たとえそれが、一椀だけの食事だったとしても、穀が主食で、菜はおかず、と分けるようになり、そこから「菜」は、おかず（副菜）全般を指す言葉になった。

とりあえず空腹を満たすだけなら、これで何とか凌《しの》げるだろう。しかし、決して豊かな食事とは言い難い。更に酒が加わってくると、この一椀だけでは如何にも物足りない。

酒徒ならお解り頂けるだろうが、菜っ葉だけで酒を飲むのはかなり辛いものがある。どうしても魚の一切れくらいは欲しくなる訳で、酒用のおかず、即ち酒の菜、転じて魚（酒菜《さかな》）と呼ばれるようになり、「本家」の菜と共に食膳に上るようになってきた。

そうなると、酒徒ならずとも、菜っ葉よりは魚の方がご馳走、となるのは必定。おかずの主役は野菜から魚に変わり、魚のことを、真のおかず、即ち「真菜」と呼び、野菜は、粗末なという意で、何時《いつ》しか「粗菜」と呼ばれるようになった。今日でも野菜を蔬菜《そさい》と呼ぶのは当時の名残である。さすがに「粗」では野菜に申し訳なく思ったのだろう、「蔬」という字を当ててはいるが。

いずれ、庇《ひさし》を貸して母屋を取られた野菜は、以後ずっと脇役を余儀なくされ、日陰の道を歩み続けることとなる。野菜は添え物、身体《からだ》にいいから仕方なく食べるけど、出来れば避けて通りたい。食べたいものではなく、食べねばならないもの、そう思われ続けて来た。

が、平成の世も二桁を数えるに至った近年、俄然、野菜が脚光を浴びるようになり、おかず界、主役の座を脅かすようにさえなってきた。野菜の美味しさを再認識する時代がようやくやってきたのだ。世はまさに野菜ブーム到来。野菜こそが一番のご馳走、とさえ言われるようになってきた。果たして古人が見たらどう思うだろうか。

客に出すと失礼に当たる「おばんざい」

又、横道に入ってしまった。時計の針を元に戻そう。

京都に限らず、日本中、多かれ少なかれ、先に書いたと、似たような食生活が長らく続いたことだろう。地域によっては鶏や獣肉が加わるところもなくはないが、概《おおむ》ね、穀類と野菜、それに魚が主体の食生活であった。

そしてここから先、様々な文化が行き交い、それぞれの土地柄に応じて料理は変遷を遂げ、やがて郷土料理として、その土地土地で、ひとつの定型を作っていくのである。

では京都はどうだったのだろう。京都の郷土料理とはどんなものだったのか。それを解く鍵は「おばんざい」という言葉にある。

今や、京都の街角を歩けば、あちこちで「おばんざい」の店に行き当たる。或る意味では「京料理」以上に「京のおばんざい」は氾濫《はんらん》している。

おばんざい。お番菜と書く。「番」は番号の番。つまり、ずらりと並ぶ番号のように、ありきたりのもの、という意味から準じて、普段使いの粗末な、の意で使われる「番」。番茶も同じような意味で、即ち、お番菜という言葉は、普段の粗末なおかず、という意味あいなのである。

家族だけで、或いは使用人と一緒に食べるのが「おばんざい」つまりは内々のものなのである。したがって、若い人ならともかくも、少しは物の解った京都人にとって、お金を出して「おばんざい」を食べに行くなど考えられないことであり、ましてや「おばんざい」を謳《うた》う店に客人を案内するなど、とんでもなく失礼なことだと思っているのである。

来客をもてなすにも、家庭料理に過ぎない粗末なおばんざいを出すことなど決して出来ず、故に京都では、専門の出張料理、仕出し屋が発達したのである。

仕出し屋、それは京都ならではの店の形態で、多くは店で食べさせることなく、料理を各家に届けた。今の言葉で言うなら、ケータリングサービス。お弁当から本格的な会席料理まで、時には、酒肴の二、三品まで、客の細かな求めに応じて料理を届けた。

現在でも花街界隈《かいわい》のお茶屋で食事をしようと思えば、この仕出し屋から料理を届けさせるのが通例である。さしずめ、新門前にある「菱岩」がその代表格。創業は天保《てんぽう》初年であるという。

少なくなったとは言え、今も京の町を歩けば、そこここに仕出し屋の看板が目につく。ちょっと上等の来客があった時、冠婚葬祭諸事集まり事に際して、馴染みの仕出し屋に料理を任せる家が少なからず残っている証左であろう。

仕出し屋の作る料理はたとえそれが出汁巻き一本であったとしても「おばんざい」とは呼ばない。仕出し文化とおばんざいは表裏一体を為すものなのである。

子供の頃、うちの家には三軒の仕出し屋が出入りしていて、行事がある度に御用聞きに来て、仕出しの獲得競争をしていた。

例えば、初午《はつうま》の日の稲荷寿司などは、三軒すべてが半ば強引に届けて来るので、昼も夜も稲荷寿司責めが毎年の恒例となっていた。それでも、子供ながらに、どの店の稲荷が旨《うま》いかなどと品定めするのも楽しみのひとつではあったが。
節分には鰯《いわし》、春と秋の祭りには鯖寿司、土用の丑《うし》には鰻、と、仕出し屋は季節を運ぶ役割も担っていたのである。

一方のおばんざいは又、お飯菜、もしくはお晩菜とも書き、ご飯のおかずを表していた。一見したところ、似ているように見えて、酒の肴とおばんざいは全く別物なのだ。
先斗町《ぽんとちょう》にある気高き酒亭「ますだ」のカウンターで、藍色の大鉢に盛られた「おから」は、あくまで酒の肴であって、同じ「おから」であったとしても、家庭で煮《た》く、おばんざいのそれとは考え方が異なるものなのである。おばんざいは、少しのおかずで沢山ご飯が食べられるように、かなり濃いめに味付けするのが通例であったが、酒の肴としては、もっと薄味でなければ酒が進まない。

ご飯のおかずと酒の肴では根本的に味付けが違う。そして多くの旅人は家庭でご飯のおかずを食べる機会など滅多になく、店で出される洗練された薄味の酒の肴を食べて、これを、おばんざいであると思い込み、京都は須《すべか》らく薄味である、と断じたのであろう。京の薄味伝説は、こんなところからも生まれてきたのだ。

「ますだ」先代の女将・増田好は店の肴を「おばんざいより、うんと薄味」と繰り返し強調して、「おばんざい」とは一線を画す姿勢を貫いていた。尤《もっと》も、一々説明するのが面倒なのか、当代では「おばんざいの店」として紹介されても否定はしないようだが。

あらめとお揚げの煮《た》いたん、鰊茄子《にしんなす》。これらは古くから続く京都の家庭で、今も食卓によく登場するお惣菜《そうざい》であり、元々がおばんざいとして生まれた献立である。しかし、これらと全く同じに見えたとしても、「ますだ」のカウンターに並ぶそれを、決しておばんざいなどとは呼ばなかったのである。もう、お解り頂けただろう、本来の意からいえば料理の玄人《くろうと》が作るものは「おばんざい」ではないのである。

ネーミングに拘《こだわ》る京都人

更に言えば、この「おばんざい」という言葉すら否定する向きもある。

「おばんざい、てな言葉、昔の京都は使いまへんどしたえ。おまわり、言いますねん。お公家さんのお家で、ご飯の回りにおかずをぎょうさん並べはって、お食べやした。そんで、おまわり、言うんどす」

「いいえぇなぁ。違いますえ。あれは、一つの鉢に盛り付けて、皆で取り回して食べたさかい、おまわり、言いますにゃがな」

「へー、そうどうすかぁ。おまわり、て、何や巡査はんみたいどすなぁ。わたしらは、ずっと、おぞよ、て言うて来ましたけどなぁ。たしか、武者小路はんとこでも、おぞよ、て、言うたはりましたでっせ」

おばんざいという言葉一つとっても、かくのごとく火花が散るのが京都である。古い都に住まい、それぞれが一家言《いっかげん》持つ都人の頑《かたく》なまでの言葉に対する拘りなのだ。

余談になるが、京都の夏を彩る風物詩、五山の送り火を京都人の前で、間違っても「大文字焼き」などと言ってはいけない。

「あれはお精霊《しょらい》さんをお送りする為に、火ぃ灯《とぼ》してる送り火どす。山焼いてんのんと違《ちゃ》いますえ」

と軽侮の眼差しで指摘されるのは間違いないだろう。

或いは修学旅行生の定番土産で有名な「おたべ」。生八ツ橋に餡《あん》を挟んで二つに折っただけの菓子が大ヒット、一躍、京土産の横綱になったのだが、僕の祖母の年代の人は大抵、このネーミングに眉を顰《ひそ》めていた。

「おたべ、てな言葉は、幼子《おさなご》にご飯を食べさす時の言い草やがな。そんな名前のお菓子を人さんにお出し出来るかいな。おたべ、やなんて、よーそんな名前付けはったもんや」

祖母は生涯、この「おたべ」を認めなかった。だからといって、「おたべ」の売れ行きが落ちるなんてことは、まるでなかったし、今ではそんなことを言う人もほとんどいないのだろうけれど。

ことほどさように、京都人は言葉の意味、使い方に神経を使う。従って、内容はどうあれ、「おばんざいバー」などと書かれた今風の店は、敬して遠ざけるのが多くの京都人なのである。

「出会いもん」の妙

さて、おばんざいの中身に話を戻そう。

おばんざいをお番菜と先に書いたが、この「番」は又、順番の番だという説もある。一か月の中で、節目になる日が決められ、どの日に何を食べる、と決める習わしがあった。つまりは順番に回って来るおかずだから、お番菜、というわけだ。

多くは商家から生まれた習慣ではあるが、一般家庭にも広く浸透し、京都の街中では、極く当たり前のように、同じ日に同じおかずを食べていたのである。

例えば、お朔日《ついたち》と十五日は小豆《あずき》ご飯、おかずは鰊《にしん》昆布と芋棒《いもぼう》、という具合にだ。これはしかし、かなりご馳走の部類に入る。商家にとって、朔日が迎えられたというのは商いが順調である徴《しるし》なので正月と同じく目出度《めでた》いからお祝いする、という意味もあるのだ。

鰊昆布は、鰊と昆布を一緒に煮合わせたもの。時に、鰊を昆布で巻いて煮ることもあって、これは鰊の昆布巻きと呼ばれ、今でも市場のお惣菜売り場には必ず並んでいる。この変形というか、似たような取り合わせに、鮒《ふな》と昆布がある。

北前船で運ばれて来た昆布が近江を経由して琵琶湖の鮒と出会い、鮒の腹に昆布を詰めて焼いたり、或いは、鮒の身を昆布で巻いて煮上げる料理が生まれた。京都ではさほど町衆にまで浸透しなかったようだが、近江の国では鰊より鮒を使うことが多かったといい、近江の名産として名高い昆布巻きは、この鮒と昆布からはじまったと伝えられている。

鮒といえば、今日の寿司の元祖とも言われている鮒寿司もまた、近江の名産。ニゴロブナが激減したせいで、稀少品と化したが、かつては広く親しまれた酒菜であった。

芋棒は、海老芋と棒鱈《ぼうだら》を煮染めた京名物。祇園・円山公園に、この「いもぼう」を専門に商う「平野屋本家」があって、そのはじまりは江戸享保年間であるという。海老芋は南国の産、棒鱈は北海の産。この二つが京都で出会った。こういう取り合わせをして「出会いもん」という。他には鰊と昆布、もしくは茄子。筍と生節。油揚げと水菜。これらが京都で言うところの「出会いもん」である。

海老芋、棒鱈、別々に煮《た》いたのでは、このコクや旨みが出ないのだという。それぞれの素材単独では出せない旨みが、ふたつが合わさって初めて生み出される。まさに出会いの妙。別名、夫婦煮《みょうとだ》き、とはうまく言ったものである。もっとも、この夫婦煮き、という言葉も諸説があり、焼き豆腐と油揚げを一緒に煮いたものを夫婦煮き、と呼ぶ向きもある。僕にはしかし、「出会いもん」の煮き合わせの方が、如何にも夫婦という感じがして、似つかわしいように思える。

出会い物、鰊も棒鱈も昆布も乾物利用であるし、海老芋も保存が利く。わざわざ買い物に行かなくても常備しておけば何時でも作れるのが如何にも京都らしい合理性だ。それでいて、栄養的にもちゃんとバランスが取れている。先人の智恵には驚くばかりだ。

お朔日とは逆の、際《きわ》の日、即ち月末は簡単に済ませようと、おからを炒ってご飯にのせて食べるのを習わしとした。

月末には掛取りの出入りが多く、何かと気忙《きぜわ》しいので、おからとご飯で手早く済ませる。と言うのは表向きで、実は月末は出費もかさむので始末しているのである。おからを煮る、と言わずに、炒るという言葉を使うのも、（お金が）入るに掛けた縁起かつぎでもあるのだ。

翌日には、お朔日のご馳走が待っている、そう思うから、粗食に耐えられる。この辺りが知略に長《た》けた京都人ならではの周到さだ。

水と土、技と手間の産物

こうして京都人は、好んで出会いもんを食べて来た。土壌豊かな京都ならではの野菜と、遠来の乾物を組み合わせて「食」を作ってきた。

鯖街道を通って運ばれた塩鯖、北前船で運ばれた身欠き鰊や棒鱈。海から遠い京都では、海の魚は多くその姿を変えて調理された。一方で、川魚に関しては他の土地に比べて、食膳に上る機会がかなり多かったようである。

海は遠いが湖は近く、川は更に近い。先述した琵琶湖の湖魚である鮒、桂川の鮎、それに鯉。京都で魚といえば、これら川魚を指した。とは言え、これら川魚を家庭で食べる機会はそう多くなく、仕出し屋、或いは料理屋で、たまの贅沢を味わう程度だった。

鮎なら、嵯峨鳥居本の「平野屋」、鯉は「美濃吉《みのきち》」、どちらも三百年近い歴史を持つ老舗料理屋である。

京都の中心を流れる鴨川では、かつて、鯉や鮎、ごりなどが盛んに針に掛かったという。

川魚は町衆には身近な存在だったが、小骨が多く、扱いが難しいので、家庭ではやはり、川魚よりは鰊や鱈《たら》など、乾物を使ったおかずの方が圧倒的に多かったようである。

では何故、京都では乾物をそれほど多用したのか、それは勿論、京都が海から遠く、新鮮な魚が入手し辛かった、というせいでもあるのだが、それ以外にもうひとつ理由がある。それが前章で述べた「水」である。

棒鱈も身欠き鰊も、かちかちに乾いている。水分を完全に抜き去ることで日持ちをよくし、旨みを凝縮させているのだ。従って、これを水で戻そうとすれば、相当な水分が鰊や鱈に染み込んでいくことになる。北海の旨みに京都の甘露がたっぷり加わるのだから、美味しくなるのは当然のことなのだ。

実は、川魚にも同じようなことが言える。多くの川魚は泥を口に入れることから、臭みがあると言われ、調理する前に、水に放ち泥抜きされるのが通例である。つまりは魚の体内の水を入れ替えるわけだ。ここでも又、京都の水が生きてくる。

「平野屋」の鮎は、釣り上げられて直ぐに食べるのではない。嵯峨の裏山から湧き出る水を利用した生け簀《す》に暫く放たれてから料理されるのである。「美濃吉」の鯉も、鮎以上に長い期間、京都の湧き水に泳がされる。

川魚も又、京都の甘露をたっぷり含んでから料理されるのだ。
遠い海の恵みと、身近な川魚。これらを料理するには京都の水、そして先人が智恵を絞り、工夫を重ねて来た技や、多くの手間が必要なのだ。その下拵《したごしら》えを施された魚と、京都の水と土が育てた野菜を出会わせることで、京都独特の「食」が生まれ、連綿と続いてきたのである。

言い換えれば、京都の食は、水と土、技と手間の産物なのだ。
もしも「京料理」というものがあるとするならば、この四つの要素を兼ね備えたものであって欲しい。

幾ら最高の質を誇るからといって、市場から届いた明石の鯛を、ただ切って並べただけの料理を、僕は「京料理」とは呼びたくない。

京の水と土が育《はぐく》んだ確かな素材を選び、その出会いを尊重し、手間を惜しまず、先人が積み重ねて来た技と伝統を生かした料理、それを、敢えて「京料理」と呼びたい。

第三章　間違いだらけの店選び

観光のピーク時を外さないと本物にありつけない

京都で和食、それは京都を訪れる旅人、万人の願いといっていいだろう。数多《あまた》ある京都のガイド本のほとんどすべてが、先ず和食の店をずらりと並べ、「京都へ行くなら和食でしょう」と決めて掛かっている。長年京都に住んでいる僕などは必ずしもそうは思わないのだが、それはまた後で書くとして、折角の京都旅、和食店選びで失敗しない為にはどうすればいいのか、何を基準にして店を選べばいいのか、その方法を探ってみよう。

建都千二百年祭の頃からだろうか、京都の町にはシーズンオフという言葉がなくなったかのように、年中観光客が絶えないようになって来た。

かつて古都税問題で、行政と、観光の中心的存在である仏教会が対立し、観光客が激減し、門前町にも閑古鳥《かんこどり》が鳴いていたのが、まるで嘘のようである。

寺や神社が熱心に観光客誘致を進め、行政とも友好的な関係が続いているようで、観光業に携わる京都市民は、ホッと胸を撫《な》で下ろしている昨今である。

金閣、銀閣、清水寺、これらの門前町には年中人並みが途切れることなく、土産を探し、茶店で一服、と旅を満喫する老若男女の姿が絶えない。

少なくなったとは言え、修学旅行生達の姿もあちこちの観光地で見掛ける。近頃はグループ単位で行動、移動手段はタクシーだ。何を修学するのやら。それはともかく、京都駅の新幹線ホームで帰途の列車を待つ彼らの両手にはしっかり土産の紙袋が膨らんでいて、買い物に関しては相当予習を積んで来ただろうことが推察される。底冷えの冬でも、酷暑の夏でも、一年を通してこの光景は変わることなく続いている。

しかし何と言っても一般観光客のピークは春と秋。桜と紅葉だ。

近頃の流行は夜の観光、ライトアップ。他都市に比べて店仕舞いが圧倒的に早く、夜の観光スポットがほとんどない京都にとって、まさにドル箱的存在になった。

先鞭《せんべん》を付けたのは東山高台寺だっただろうか、競い合うように神社仏閣が期間限定の夜間特別拝観を打ち出した。

古都の夜空に桜や紅葉が明々と浮かび上がる様は確かに幻想的で一見の価値はある。だが、参道の混雑振りは、情緒というには余りに掛け離れた光景である。写真を撮ろうとしても、一瞬立ち止まるのが精一杯、直ぐに背中を押されてしまう。

本当を言えば、このピークの時期を外した方が賢明なのだが、やはり、一番美しい京都を見たい、そう願う気持ちも解らなくはない。

桜便り、紅葉便りに誘われて、そうだ京都行こう、と急に思い立ち、何とか割り込もうと努力したが、何といってもトップシーズン、宿は軒並み満室。辛うじて部屋が取れたのは駅裏のビジネスホテル。京都らしい雰囲気はまるでなし、とはよく聞く話である。

せめて夕食くらいは京情緒をと、ガイドブック片手に訪ねてみても、名だたる店は既に予約でいっぱい。

「あいにく満員どすね。えらいすんまへんなぁ。悪いことどすなぁ。また来とうくれやっしゃぁ」

と店の名刺を持って、わざわざ女将が表まで断りに出て来る。さすが京都だなぁと感心している場合ではない。

美味しい和食を食べて、後はデザート代わりにライトアップを、との目論《もくろ》みは、儚《はかな》く消え行く。並んで歩く連れ合いの表情が段々険しくなる。と、ここに待ち受けるのが「京料理」の店である。

店名の三倍はあろうかという大きな文字で書かれた「京料理」の看板。道路に幟《のぼり》まで立てる店も少なくない。店先には赤い毛氈《もうせん》の掛かった床几《しょうぎ》が置かれ、絣《かすり》の座布団、煙草盆が「京の田舎」を演出している。ガラスウィンドウには、季節の造花をあしらった色鮮やかな料理のサンプルがぎっしり。店の中からは琴の音がエンドレステープで流れてくる。

京点心、京弁当、もしくは京懐石、一見手頃に思える価格に添えられた料理の名前は「貴船」「嵯峨」「嵐山」などなど、有名観光地がずらりと並ぶ。何故貴船より嵐山が高いのだろうと訝《いぶか》り、立ち止まるやいなや、すかさず紫の着物をだらしなく着た仲居さんが、

「ええお席ありまっせえ。どうぞお入りやしとくれやして、どうぞ。おいしおすえ」

年季の入った怪しげな京都弁を駆使して客を呼び込もうと必死に迫ってくる。と、これに負けて店に入ると、多くは悲惨な結果が待ち受けているのである。

席に案内されて、メニューを受け取る。手垢《てあか》で汚されないようにと、ビニールカバーで覆われた分厚い表紙を開くと、京豆腐、京湯葉、京野菜、京漬物、これでもかこれでもか、と「京」の文字が躍る。それらはしかし、旅人にとっては思い描いた京都の和食と、ぴったりイメージが重なるのである。

「おお！　やっぱり京都だぁ。京都ばっかりだぁ」

ここで何の疑問も持たず、素直に感動していたのでは本物にありつけない。何故それほどまでメニューに「京」の文字が氾濫しているのか。改めてその意味を考えてみる必要がある。

「京都」とはブランド名である

そんなに京、京、と言わなくとも、店は間違いなく京都にあるのだから、豆腐、湯葉、だけで誰もが京都の物と信じて疑わないはずである。にも拘らず、繰り返し、京を強調するのは何故か。

「京」と名が付けば高売り出来るからである。京都を訪れる観光客の多くは京都という土地、そのイメージに価値を見出しているからこその、京都詣で。京、と名が付けば少々高くても有り難がってくれるだろう、という算段である。

これほどに料理に地名を冠する例は他にはない。唯一、ご当地ラーメンだけは例外的に、必ず頭に地名を付ける。それはしかし、その地名の付いたラーメンに際立った特色があり、客の側もそれを見知っていて、食べる前に、どんなラーメンかを解らせる意味から、地名を冠するのだ。博多だから高く売れて、和歌山だから安くなる、なんてことは全くない。

振り返って「京」はどうか。

引き合いに出して申し訳ないが、例えばお隣の「滋賀料理」や「福井料理」はどうだろう。最近では浪速割烹として人気が出て来たが、「大阪料理」は失礼ながら、あまり高く売れそうには思えない。「京」と冠するからこその付加価値なのである。

「京」は地名を表す言葉ではなく、ブランドを表すマークなのだ。そう考えた方が解りやすい。「京」は、「エルメス」や「グッチ」と同じ、ブランドなのである。同じようなデザインに見えてもブランドマークの有る無しで、その価格は大きく異なる。と同様、同じような料理、食材であっても「京」のマークの有る無しでその価格が大きく変わってくるのである。

典型的なのが「京野菜」。今、二十一種の京野菜には「京都ブランド産品」というマークが付けられている。京野菜は自ら高級ブランド品だと名乗っているのだ。

僕の仕事場の近くに破綻したスーパーがあるのだが、ここの食品売り場では野菜のコーナーが二箇所に分かれている。一般野菜と京野菜。どちらの価格が高いかは明々白々だ。

では「京野菜」とは何か。それほどに価値が高いものなのか。

京野菜、正しくは「京都の伝統野菜」。一九八七年に京都府が三十四種の野菜を「京の伝統野菜」と定めた。これが「京野菜」の原点である。いわば、お上のお墨付きなのだ。お上が決めたのだから当然約束事がある。

明治以前からの栽培歴史があるもの。京都市内のみならず、府下全域を対象とすること。筍は含むがキノコ類は除くこと。絶滅したものも含むこと等などと定義付けられている。

代表的なのは、堀川牛蒡《ごぼう》、鹿ケ谷南瓜《ししがたにかぼちゃ》、聖護院蕪《しょうごいんかぶら》、賀茂茄子《かもなす》、九条葱《くじょうねぎ》など。その個性ある形状と栽培地に由来する地名の付いた品種名で誰が見ても京野菜と解る。
京都の土壌と水に育まれた独特の野菜は、京都の季節を彩る料理に欠くことが出来ないものである。更にいうなら、これらの京野菜抜きにして、京都の和食は存在し得ないのである。

だが京野菜はそんな個性的な野菜だけを言うのではない。京みょうが、京たけのこ、など他府県のそれと見分けが付き難い野菜も含まれている。ここに便乗組が入り込む余地が生まれてしまった。

そしていつしか、イメージだけが先行し、その定義もかなり曖昧《あいまい》になってきた。では一体、本物の京野菜は何処へ行けば食べられるのか、そんな声に応えると共に、便乗組に歯止めを掛ける意味もあって、京野菜を食べられる店を認定することとなった。認定するのは「京都ふるさと産品協会」なる社団法人。認定要件の第一をこう定めている。

【協会が指定する旬の京野菜を常時使用し、それらを使用する料理を常時提供すること】

他にも幾つか条件があり、それをクリアすれば「旬の京野菜提供店」として認定され、店頭に表示出来るという訳だ。では、この表示の店へ行けば、すべて本物の京野菜だけを食べられるかというと、残念ながら、そうとは言い切れないのである。

一例を挙げよう。店は祇園にある割烹《かっぽう》A（以後、店の名をアルファベット一字で表示することがあるが、これは店名の頭文字を表すものではない。ＡＢＣ順である）。

カウンターの後ろには認定証が誇らしげに鎮座している。おまかせコースを食べていて、

「京湯葉と京野菜の炊き合わせです」

と出されたのを見て驚いた。

汲《く》み上げ湯葉と、洋人参、大根、しめじ、が蓋付き鉢にこんもりと盛られ、酢橘《すだち》の輪切りが添えられている。一体どれが京野菜なの。そう尋ねると待ってましたとばかりにカウンターの向こうから主人が誇らしげに答えた。

「うちの野菜は全部上賀茂のお百姓さんに頼んで直《じか》に届けて貰うてるんですわ。せやさかいこれ皆京野菜ですねん」

あきれ果てて笑うしかなかったが、隣席の東京から来たと思《おぼ》しきご婦人方は、

「やっぱり京野菜は美味しいわねぇ」

と歓声を上げてらした。

確かに、認定店だからといって、京野菜以外の野菜を使ってはいけない、とは規定されていない。だがそれらを京野菜と偽ってはいけないだろう。尤《もっと》もこのご主人は京野菜が何たるかをご存知なかったのかも知れないが。

一例として京野菜を挙げたが、「京」を冠する他の食材にも同様の問題は少なからず存在する。

例えば京都のお土産として抜群の人気を誇る京漬物とて同じ悩みを抱えている。中国産の胡瓜《きゅうり》を使っても京都で漬けたなら「京漬物」、外国産の茄子や生姜を使っても「京の柴漬け」、果たしてそれでいいのか。そんな疑問を呈する記事が地元の新聞に載った。

業者によっては、京漬物を代表するしば漬の原料キュウリや小ナスを中国から、ショウガやラッキョウを台湾、タイ、インドネシアから輸入している。その理由は「日本産地の弱体化で国内では安定した原料調達ができないから」と、業者らは主張する。或いは、中国の視察を終えた組合理事長の言葉として、「(中国産の胡瓜も)同じ種で、京の業者が技術指導する。すでに十年以上の実績があり、満足いくものができている。それを京の技術で漬けるのなら、立派な京漬物だと考える」

地元「京都新聞」に今年掲載された記事の抜粋である。

何とも苦しい言い訳だ。京土産として持ち帰った「京の柴漬け」、原料に実は中国産の野菜を使っていた。それで買った側は納得出来るのだろうか。

ことほど左様に「京」という冠詞は今や曖昧模糊《あいまいもこ》としているのである。

前置きが長くなった。

京都の和食店選びで失敗しない法、その第一は「京」という言葉に惑わされないことである。必要以上に「京」を謳う店は敬して遠ざけるべし、である。本物の「京」の店は決して「京」を演出しない。しなくとも自然、「京」を感じ取れるからである。

店構え、言葉遣い、品書き、それらのすべてに殊更《ことさら》「京」を感じさせようとの意図が見える店は外す。これだけで随分淘汰《とうた》されるはずだ。もっともブランド好きを以って自認される向きは、新たなブランドの一品として加えて頂いても一向に差し支えない。大いに「京」ブランドをご自慢あれ。

問題ありの有名店

まぁ、しかしこの辺りは京都に限った話ではなく、全国何処の地方でも似たような傾向はあるのだろう。我が町の名物、おらが村の名物、あまりに強調されると引いてしまう。名物に旨いものなし、というのはここから来ているのではないかと思うくらいだ。勘のいい方なら大体は店構えから見当がつくだろう。

問題は有名店である。雑誌、とりわけ婦人誌の常連ともなっている京料理の有名店。ここに行けば絶対に失敗しないかといえば、必ずしもそうは言えないのだ。


京料理を代表する老舗料亭Bでのこと。

趣ある座敷で懐石を頂いた。よく手入れの行き届いた庭は大変美しく、見飽きることがなかった。取り立てて感動することもなく八寸《はっすん》が済み、お椀《わん》が出て来た。瞬間、あっと叫んだ。お椀に施された蒔絵《まきえ》の図柄、蓋と身が完全にズレていたのだ。それも同席した四人共だ。更に驚いたのは、次に出された絵皿の図柄も、全く正面を外れて料理が盛り付けられていた。抽象的な図柄ならまだ誤魔化しも利こうが、見込みに一行詩が書かれた図柄故、食べ終えたら字がさかさまだったり斜めを向いていたり、一人として正対していなかった。

この料亭での食事を楽しみにしていたという、同席の料理人も、かなりショックを受けたようだった。

場末の居酒屋ならいざ知らず、京都を代表する老舗料亭で、これほどに器を無造作に扱うなど信じられないことである。料理に心が入ってないのは明白だ。油断では済まされないだろう。建物や庭の手入れも大事だが、肝心の料理がかくも無様では何をか況《いわん》や。老舗の看板が泣いている。

祇園の老舗料亭C。

この店は僕らの業界御用達で何度か宴席を張ったが、一度として料理に満足したことがなかった。欠けた器が出て来たのも一度や二度ではない。揚げ物が冷めてたり、お造りが乾いていたりは当たり前。往時の雰囲気を味わうだけの店だと心得た方がいい。

二軒とも有数の歴史を誇る老舗料亭。胡座《あぐら》をかいた老舗も避けた方がいい、そう書くのも辛いものだ。

では料亭を避けて割烹なら大丈夫か、というとこれ又怪しい。

木屋町の割烹D。

この店の器自慢には閉口させられた。多忙な主人に代わって店を任されることの多い板前にそれが顕著だ。カウンターで食事をしていて、隣席のご婦人がこの店の器を誉《ほ》めた。したり、とばかりに板前の器自慢がはじまった。料理は若い衆に任せて、奥から秘蔵の器を次々出して来て、件《くだん》のご婦人にだけでなく、カウンター客全員に向かって器講釈をはじめた。

こちらの知識を値踏みするかのような問い掛けに相槌《あいづち》を打つのも面倒だが、まぁ、ここまでは器好きの職人と笑って済ませるところ、しかしこの後がいけない。件のご婦人が、熱心なファンだという京焼の作家Kの名を挙げるや、すかさず板前が応じた。

「あれはいけません。未熟もいいところです。あの程度の作家で満足しているとは、まだまだ、おたくも見る目がありませんなぁ」

得意げに語る板前に、がっくりと肩を落としたご婦人がいかにも気の毒だった。

店とは、客が気持ち良く過ごせるように、あらゆる気を配る場所である筈。客の気分を害してまで自説に酔ってどうするのだろう。そこまでして自分の見識を自慢したいのだろうか。断っておくがKは立派な作家である。京焼の第一人者といっても差し支えない。未熟などとはとんでもない。未熟なのは、この板前の方である。やはり主人が店に居るのを確かめてから出掛けたい店である。

祇園の割烹E。

時代の寵児《ちょうじ》といってもいいだろう。その若さに比して、確かに実力は一級のものを持っている。素材を見抜く眼力、包丁の冴え、並みの職人ではない。だがしかし、客に対する姿勢には大きな疑問が残る。小さなカウンター故、他の客との遣《や》り取りも自然耳に入る。あまりにぞんざいな口の利き方に唖然《あぜん》とする。どれほどに親しい客なのかは知らないが、主人のタメ口を聞いていると、店なのか自宅なのか解らなくなる。更には料理を客に出す際、置き方が乱暴なのも気になるところ。ちゃんと客の正面に器を置かないのだ。

素材自慢もいいが、居心地の良さにも気を配って貰いたいものである。ただ、こういう荒っぽさがお好みの方には打ってつけの店だ。

祇園ではまだ新参の割烹F。

古くからある店は行かなくても凡その内容は解るのだが、新しく出来た店は行ってみないことにはその真価が解らない。出来る限り足を運ぶようにしているのだが、中々、これぞという店には出会わない。

この店に行ってみようと思ったのはその価格である。祇園の一等地にあって、夜でも八千円のコースがあると聞いて興味を持ち、夏の一夕《いっせき》、座敷でそのコースを食べた。

結論から言うと、やっぱり京都の和食はそれなりの出費をしないと満足出来ない、であった。旬を外した魚、素っ気ない盛り付け。すべてに勢いを感じない凡庸《ぼんよう》な料理は、舞妓さん達の日常的な「ご飯食べ」には最適だろうが、これぞ京料理、という意気込みで食べると肩透かしを食うことだろう。

京都の真ん中、四条、祇園界隈でまともな和食を食べようとすれば、それはやはり、ある程度の値段は掛かるものと考えるべきである。夜なら一万円は最低限覚悟した方がいい。少し飲んで一万五千円〜二万円くらいが妥当なところ。素材は勿論のこと、立地や設《しつら》えや器を考えるとそれくらいは掛かって当然と言える。

近頃東京辺りで流行りのサンパチ和食なるものは、和食擬《もど》きと割り切るべし。若い人にはいいのかも知れないが、四条のGなど、京都まで来て、大人がわざわざ食べるようなものではないだろう。

まぁしかし、ここいら辺りは大した実害はないのだが、注意すべき店は他にもある。

鴨川近くのH。

お昼の弁当が値打ちと聞いて、朝十時に予約の電話を入れ二人の予約をし、五分後にこちらの事情が急変したので、キャンセルの電話をしたところ、既に仕込みも完了した。ついては材料（弁当の）を取りに来るか、全額のキャンセル料を払えと電話で凄《すご》まれた。住所を言えと迫られ、正直に伝えると、誤字だらけの請求書が送られて来て、全額振り込んだ。

急なキャンセルは店側に迷惑を掛けることは重々承知しているし、極力避けるようにしている。読者諸氏にも、所謂《いわゆる》ドタキャンは避けるべし、と進言するものである。しかし、このケースは余りに酷《ひど》いと感じたのでご紹介しておく。観光都市京都にも未だにこんな店が存在し、それを知ってか知らずか、マスメディアは、お値打ち店として紹介しているのだ。

同じような話で、伊豆の或る温泉旅館を早くから予約していて、当日の朝、子供が急に熱を出し、やむなくキャンセルの電話をしたところ、

「まぁ、それは大変。お大事になさってあげて下さいね。ウチのことはどうぞお気になさらずに。キャンセル料？　そんなもの頂戴したらバチが当ります」

サービス業とは、かくあるべし。心の籠《こ》もった女将《おかみ》の対応にいたく感激したのを覚えている。勿論この旅館は後日再訪し、予想に違《たが》わぬ素晴らしい旅館だったことを確認済みである。一方で、Hには二度と行こうとは思わない。人としての優しさを持ち合わせない主人が作る料理など、どんなに美味しくてお値打ちだったしても、決して食べたいとは思わない。

さて、以上、すべて僕の実体験である。ここから言えることは、雑誌やテレビ、マスメディアの情報を過信しない方がいい、である。

BからGまで（何故かHは最近、ほとんど雑誌にも出て来ない）京都特集には欠かせない店ばかりであり、当然のことながら、紹介記事には称賛の言葉が連ねられている。勿論、京都にあって、それなりに評価を受けてしかるべき店であることは間違いない。しかし、何時も誰にもそうだとは限らないのである。

京都の和食店選びで失敗しない法、その二は、マスメディアの評価を過信しないことである。

誰が行っても同様に感激し、称賛出来る店など、実は存在しないのである。万人に向く店など端《はな》からあり得ないのだ。それを忘れて、過剰な期待を抱き、夢破れたとしても、マスメディアのせいにしてはいけない。元々がマスメディアとは、そうしたものなのだから。

と言い訳しながら、次章で極私的、僕のお奨《すす》め和食店を紹介することにしよう。

今、京都を訪ねてくる友人知人に、自信をもってお奨めしている和食店ばかりである。結果、かなりの高率で、後日、満足頂いた旨の報告とお礼を頂いている。

但《ただ》し、今も書いたように必ずしも万人に向く店ではないことだけは予《あらかじ》めお断りしておく。

第四章　今、誰の何を食べるべきか　―その一―

京都で日本料理を食べる、それは即ち料理人を食べることである。京都の店は良くも悪くも、主人の個性がはっきりと店に表れる。店＝主人。そんな店がほとんどだ。長く続く老舗や先代から受け継いだ店は別にして、主人の姓をそのまま店の名にしているところが多いのも、それ故のこと。いわば表札そのままなのである。

数軒の店を切り盛りするような料理人は滅多になく、ましてや東京に店を出すなどは、極《ご》く限られたこと。フードビジネスという言葉から一番遠いところに身を置き、じっと京都で客を待つのが誇り高き京都の料理人達。そしてそれこそが自らの価値を高めると固く信じているのだ。

先に書いた京野菜、京豆腐をはじめ、和菓子や漬物、大抵の京名物は、少し有名になると、あっと言う間に東京のデパートに並んでしまう。その内、東京に出店するようにさえなる。でなかったとしても、宅配便を使えば、大抵のものは東京に居ながらにして食べられる時代だ。便利である半面、その有り難みは薄れる。前章に倣《なら》うなら、コンビニで買えるブランド品だ。

だが京都の料理は違う。どんなに時代が変わろうとも、これだけは京都まで足を運ばないと食べられない。それ故の価値であり、是非とも食べてみたい、と、憧れの的になるのである。

京都の料理店の主人達は、せいぜいが二軒の店を持つくらい、ほとんどは一店だけだから、まず間違いなく主人は店に居て、板場に立っている。幾人かのスタッフが居たとしても、それはあくまでアシスト役に過ぎず、料理はすべて主人自らが作る。勿論すべてがオーナーシェフというわけではなく、経営者が別に居る場合も中にはあるが、それとても、あくまで店の顔は料理人である。

○○という店へ食べに行く、というよりは、◎◎さんの料理を食べに行く、といった方が表現としては正確なのだ。

では、今、京都で誰の何を食べればいいのか、僕のお奨め料理人を幾人か挙げてみよう。

永田裕道「千《ち》ひろ」

日本料理の華は「造り」と「椀もの」だと、よく言われる。造りで、素材に対する眼力と包丁使いが解り、椀の出汁《だし》の引き方で、主人の感性と実力が測れるという訳だ。造り云々《うんぬん》については、若干異論がなくもないが、椀の出汁については全く同感である。

日本料理は器で食べる、とも言われる。名だたる料理人達は皆、器にも造詣《ぞうけい》が深い。古陶、作家もの、好みは違えど、器選びにはそれぞれ万全を期している。とりわけ、お椀には最も神経を使うと料理人達は口を揃える。いい漆器《しっき》は使うほどに味わいが深くなるからだと。

「千ひろ」の磨き抜かれた檜《ひのき》のカウンター、輪島塗のお椀は漆黒《しっこく》の渋い輝きで、掌《てのひら》に吸い付くような滑らかさである。寸分の傾きもなく、真っ直ぐ蓋が閉まって正面にきちんと置かれる。左手で椀を押さえ、右手で蓋を取る。この瞬間に立ち昇る香気、これこそが日本料理の醍醐《だいご》味《み》である。

◇

《お椀の蓋》

お椀が出されて、いざ蓋を外そうとして、中々蓋が外れない時がある。熱々の吸い地を張った為、陰圧が掛かって、いわば真空状態になっているのである。こんな時は、力任せに蓋を引っ張るのではなく、左手で横から、もしくは真上から、椀の身を前後にしっかり押さえると、蓋の隙間《すきま》から空気が入って、楽に蓋が外れる。イメージとしては椀を横長の楕円に広げる感じである。

蓋が外れたなら、置く前に蓋裏を見てみよう。蒔絵の椀だと蓋裏にも図柄があることが多く、そこに季節が映し出されているからだ。洋食器と違って和食器には季節がある。夏には夏の、冬には冬の器がある。直截《ちょくせつ》な季節の絵柄もあれば、連想を促すような抽象的なものもある。思いを自由に馳せてみたいものだ。

漆器のお椀をはじめ、日本料理の器は手に取ることが多く、しかも極めて繊細なものなので、出来れば食事の前に、器を傷つけ易い指輪や時計などは外しておきたいものだ。お茶席と同じ心得で臨む食事は、凛《りん》とした空気が心地いいものである。

たかがお椀の蓋ひとつでも、その扱い方や所作《しょさ》から客の見識が見抜かれてしまう。それほどに京料理は奥深いものなのである。

◇

永田裕道は、二代目になる。先代は名店「千花」を開き、名だたる食通達の喝采を浴びた。現在は長男が跡を継いでいるが、その長男と共に「千花」の板場に立って来た次男坊の裕道は、二〇〇一年に独立して「千ひろ」を開いた。

お椀をはじめとして「千ひろ」の料理はすべて直球である。極めてオーソドックスな日本料理故、その真価を見抜くには、食べる側の客にも繊細さ、集中力が要求される。

日本料理といえども、寛《くつろ》いで楽しく食べるのが本来の姿ではあるのだが、それはやはり、ある程度の経験を積んでから、ということになる。過度の緊張は無用だが、料理の合間には談笑していたとしても、食べる瞬間には僅《わず》かなりとも気を引き締めないと、味わいの深さを楽しめない。

全神経を鼻に集中してお椀から立ち上る香気を嗅ぐ。淡い出汁の香りに複雑な要素が幾つも絡み合うのが解る。鼻から舌に神経を移して、ひとくち飲んでみる。

「ああ」

思わず天井を仰ぎ見る。まるで天から下された甘露のような滋味だからである。淡く、細やかで、それでいて、くっきりと海を浮かび上がらせる深い味わい。まさに一椀の小宇宙である。何故、お椀が日本料理の華と言われるのか、その理由《わけ》をとくと噛み締めて欲しい。

素材を選ぶ目も大事だが、素材を活かす技はもっと大事だ。厳しく先代に鍛えられた永田は、素材を活かしきる、という点で、他の料理人を圧する。

「千ひろ」のおまかせに、よく登場するのが中骨の塩焼き。スズキやグジ、季節によって魚は変わるが、この中骨が出て来ると、慣れない客は戸惑いの表情を隠せない。まるで残り物を出されたように感じるからだろうが、一度中骨を手に取って食べはじめると、見る見る表情が和らいでいき、食べ終わる頃には自然、会心の笑みが浮かんでいる。

魚は、或いは肉でもそうだが、骨際が一番旨いとされている。マグロの中落ちや骨付きカルビなんかがその典型なのだが、日本料理屋で、これを一皿の料理として出すにはかなりの勇気、度量が要る。確固たる自信がなければ出せるものではない。更には、見た目に堪えるように魚を鮮やかに捌《さば》き、麗しく焼き上げる技も必要だ。

千ひろ

晩秋の一夕、「千ひろ」のカウンターに置かれた「グジの中骨の塩焼き」。もしも

「京料理」というものが存在するなら、まさにこの一皿のことではないか、そう思える程に、端整で、かつ艶やかな姿である。指先にじわりと伝わる脂の旨さ、ねっとりした剝き身の舌触り、まさに滋味である。その食材が全力を出し切ったギリギリの旨さが滲み出ている。思わず唸《うな》る実力の一品だ。

この「中骨の塩焼き」は、白身の造りに塩昆布の細切りを添えると同様に、先代譲りの仕事である。が、すべての料理に先代を真似るのではなく、多くは永田がその日の食材から受けたひらめきで、おまかせ料理が構成されるのだ。

研ぎ澄まされた料理の数々を味わい、しっかりと受け止めることが出来たなら、京料理の真髄に一歩近付いたと言えるだろう。そんなお手本のような日本料理を作るのが永田裕道の実直な仕事なのである。

そして食事の最後に出される先代譲りのフルーツジュース、これが何か違う形のデザートに変わった時、そこから永田裕道の新たな料理人人生がはじまるだろうと、密かに期待している。

坂川浩和「四季宴《しきえん》　阪川《さかがわ》」

初めて「阪川」を訪ねる人に、店の在《あ》り処《か》を教えるのは極めて難しい。それほどに入り組んだ路地の奥に店は在る。

祇園・東山にほど近い四条通りから南へ下がる。目印は祇園ホテル。今はチェーンホテルの軍門に下り、四条通りに面した一階には、これまたチェーン展開しているコーヒーショップが入っている。

祇園もすっかり様変わりして来た。祇園石段下に堂々たる構えで、祇園さんの角、八坂神社前の象徴ともいえる存在だった「フルーツパーラー八百文」も今はなく、夜通し明かりの絶えないコンビニに席を譲ってしまった。

このコンビニの看板をよく見ると、同じチェーンの他の店より、幾らか濃いブルーであることに気付く。これは京都市の景観条例で看板に使う色を規制されている為である。コカ・コーラの看板が赤地に白字から、白地に赤字に変えさせられたことでも知られている。

これで景観が守られたかどうかは怪しいものだが、京都は他都市とは違うのだ、を強調する効果はあるのかも知れない。

全国何処にあっても同じ顔を見せているホテルやコーヒーショップ、そしてコンビニ。京都の町並みにもいつの間にか、これらの顔がじわじわと並びはじめ、京都らしい眺めが日々失われていくのをじっと見ているのは寂しいものだ。

そんな意味からも、「阪川」が店を構える界隈の、入り組んだ路地のしっとりした町並みに足を踏み入れるとホッとする。車を降りて、細い道に入り、角を二回曲がり、路地の奥目指す明かりに心が弾む。

和食に限らず、今や多くの店が「おまかせコース」を主体に料理を作っている。とりわけ祇園近辺の日本料理店では、下は概《おおむ》ね八千円から上は三〜四万円あたりまで、おまかせ料理を出すのがほとんどである。これは客にとって、料理にあれこれ頭を悩ませなくてもいいという便利さもあるが、半面、料理を選ぶ楽しさを奪われたようなものなのでもある。あれも食べたい、これも食べたい、と舌なめずりしながら品書きを眺め回し、たった一つきりの胃袋を怨《うら》み、煩悶《はんもん》するのが食いしん坊の究極の楽しみなのだ。

坂川浩和は、料理人である前に、先ず、食いしん坊であった。だから、おまかせ料理よりも一品料理主体の店を開いたのだと言う。自分が食べたいと思う料理なら、きっと客も食べ

阪川

たいと思う筈だ、そんな信念から、その日の食材を使って考え得る料理を片っ端から品書きに載せようと試みた。

はてさて、次はどんな料理が出て来るのか、と心待ちにする、そんなおまかせ料理もいいが、経木《きょうぎ》にびっしりと書かれた料理名を見ながら、想像を膨らませ、杯を傾けるのは何とも楽しいものだ。

冬の一夕、「阪川」のカウンター。先ずはお造りから。さて何にしよう。さっぱりと白身がいい。平目の薄造りをポン酢でいくか。焼きものは何がいいかな。おお、牡蠣《かき》があるぞ。いいねぇ。牡蠣の松前焼き。殻焼きもいいな。寒鰤《かんぶり》の雉《きじ》焼き、うん、これも旨そうだな。どっちがいいかなぁ。両方いっとくか。これは楽しい。

造り、焼き物、煮物、揚げ物などなど順に組み合わせていく。

酒もしかり。はじめは淡麗辛口を冷酒で少し、後は濃醇《のうじゅん》な純米酒をぬる燗《かん》でじっくり。最後に白ワインでさっぱりと口を洗い流して、ご飯にする。そんな具合にだ。

ただ単に料理を食べるだけでなく、パズルを組み合わせるような、もっといえば、一軒の家を設計するような、そんな楽しみが加わる。

とは言うものの、カウンターで臆することなく、主人と遣り取りをしようと思えば、それなりの知識と経験が必要だ。松前焼きとは、雉焼きとは、それぞれが何たるかを知らなければ安心して頼めない。想像していたのと全く違うものが出て来る不安もあるし、こんな順番で頼んで、他の客に笑われはしないかと、余計な心配までしてしまう。

だが全く遠慮は要らない。どんな些細なことでも、解らないことがあれば、素直に聞けばいいのだ。心優しき主人、坂川は親身になって応えてくれるはずだ。

いいや、しかし、それは出来ない。連れ合いの手前、もう少しスマートに振る舞いたい。つまりは、はっきり言えば、「ええカッコしたい」という見栄っ張りさんには、いい方法がある。

それは、予約の際に、主人と相談して、予《あらかじ》め料理の概要を決めておくことである。

先ずは主になる食材を決め、大まかな料理法を決める。秋から冬場なら若狭ぐじ、夏場なら鱧《はも》、という風にである。

祭り鱧、或いは鱧祭り。祇園祭りの頃には京都は鱧一色となる。先ずは落としを梅肉で、焼き鱧は付け焼きにして、最後は鱧しゃぶ、残った出汁で雑炊を、と。主役は鱧にしておいて、後はその日の酒肴を挟んでいく。予め、そう頼んでおけば、安心して連れ合いと酒を酌み交わせる、というものだ。

勿論当日は、そんな約束事などなかったかのように振る舞う。

「今日はいい鱧入ってるかな？　おぉ、いい鱧だねぇ。淡路かな？　韓国？　いや、最近は韓国の鱧がいいらしいね。じゃ、その鱧、落としにして。後、ちょこっと焼いて貰えるかな。そう、付け焼きで。最後は鱧しゃぶにしようか。うん、そうしよう。君ぃ確か、鱧好きだったよね」

頼もし気に見つめる連れ合いは、大きく頷《うなず》くに違いない。

◇

《鱧祭り　祇園さんと天神さん》

同じ関西人でも京都と大阪では、その気質がかなり異なる。俗に、京都の着倒れ、大阪の食い倒れ、と言われているが、半分当たって半分外れている。京都の着倒れ、これはハレの場合に限られたことと考えていいだろう。普段着と晴れ着をはっきり区別し、晴れ着にはしっかりお金を掛ける。その晴れ着が目立ったからの言葉だと思う。

この同じ精神が「食」の面でも見られ、普段の食は質素だが、ハレの食事で言えば、大阪人と同様、もしくはそれ以上に、京都人も食い倒れなのだ。

では、大阪人はと言えば、これは年中、食い倒れているのである。ハレであろうがケであろうが、どんどん旨いものを食うのである。普段でも、いや、普段だからこそ旨いものを食わないと気が済まないのが大阪人なのだ。ここが京都との違いである。そして、その違いがはっきりと表れるのが「祭り鱧」なのである。京都で「祭り鱧」といえば祇園祭り、大阪では天神祭りである。

梅雨が明けるかどうか、微妙な雲行きだが、町にはコンチキチンの音色が響き渡っている。祇園さんも、もう直ぐ宵山、そんな季節、京都人の心は騒ぐ。夏のハレの日到来だ。

「どうです。今晩辺り贅沢《ぜいたく》に、鱧食べに行きましょか」

「え？　鱧ですか。よろしぃなぁ。けど、そんな贅沢してよろしかいなぁ。なんや気づつない（申し訳ない）ですなぁ」

そんな町衆達は陽が落ちると、誰にともなく、遠慮しぃしぃ、料理屋へ繰り出し、鱧の落とし、牡丹鱧などに舌鼓を打つのである。

とりわけ贅沢の極みとも言えるのが「鱧寿司」と「鱧しゃぶ」。

鱧寿司は照り焼きにした鱧を丸ごと一匹使った棒寿司で一本一万円は下らない高価なものである。それ故、ほとんどは贈答用、いわゆる「お使い物」になる。滅多に口に入る機会はない。料理屋の前菜に小さな鱧寿司が二切れも付けば大満足、これぞ夏の贅沢、だ。

活けの鱧をふんだんに使った「鱧しゃぶ」は更なる贅沢。腹いっぱい食べたらバチが当たる、そう思いながらもしっかり最後の雑炊まで平らげるのが京都の「祭り鱧」である。

一方、祇園祭りから遅れること一週間。大阪では天満の天神さん、天神祭りで盛り上がっている。宵宮、本宮、船渡御《ふなとぎょ》。陸に、川辺に様々な行事が行われる頃には梅雨も明け、暑さも最高潮を迎えている。

「こない、クソ暑かったらたまらんなぁ。どや。鱧でも食おか」

「鱧なぁ。又、鱧かいな。昨日も鱧食うたんと違《ちご》たかいな」

「そやったかいなぁ。ま、ええがな。夏は鱧やでぇ。ゆんべは確かぁ、鱧焼いたんと違たかいなぁ。ほな、今日は鱧しゃぶにでもしとこか」

そんな軽口を交わしながら、大阪人は居酒屋の暖簾《のれん》を潜《くぐ》り、気軽に鱧しゃぶを突つき合うのである。

ところで何故海から遠い京都で鱧が名物になり得たか。

鱧は生命力が強く、京都まで運ばれても鮮度が落ちなかったから、と言われている。では何故鱧はそれほどに生命力が強いのか。

鱧はその分類上、ウナギ目アナゴ科である。同じ長ものの仲間である穴子や鰻は、さほど生命力は強くない。何故鱧だけが。

その答えは穴子や鰻には見られない、鱧ならではの特徴、皮膚呼吸をする、ことにある。皮膚呼吸が出来る鱧は水から揚がった状態でも丸一日くらいは生きている。これなら瀬戸内で捕れてから京都まで運ばれても、又、水に戻せば元気に泳げるのだ。

更には、「一寸を二十四に包丁する」と言われる骨切りの技。調理技術の発達していた京都ならではの包丁捌きが鱧の調理を容易にし、京都で人気を集めたと言われている。瀬戸内の鱧が揚がる明石辺りでは同時に穴子も揚がり、調理も簡単な穴子に人気が集まり、面倒な鱧を敬遠したのだろう。

◇

坂川浩和は見るからに板前然としている。がっしりした身体つきに、きりっと引き締まった顔。シャリッ、シャリッと鱧の骨切りをする様はまるで板前を演じている役者のようだ。

夏越しの頃の「阪川」。カウンターでは、鮎を手摑《づか》みで貪り、或いは、牡丹鱧の椀をしみじみと味わう、そんな彩《とりど》りの酔客で賑わっている。奥には小上がりがあり、そこでは折しも鱧しゃぶの宴がはじまったばかり。乾杯の音が響いている。二階のお座敷からは嬌声が時折聞こえてくる。どうやら舞妓さんの「ご飯食べ」のようである。

席によって、それぞれ違う雰囲気で料理を楽しめる。同じ鱧しゃぶでも、大阪風にも京都風にも、その日の気分で使い分けることが出来る。時に、高級居酒屋のようでもあり、時には料亭の趣もあり、しかし、実は極めて使い勝手のいい割烹、それが「阪川」である。京都初心者から、一通り食べ飽きた熟練者まで、坂川浩和は、幅広く迎え入れてくれる。

岡本佳幸「吉膳《よしぜん》」

卓袱《しっぽく》料理「鳥居本」のことは第一章で書いた。

中国から長崎へと伝わった料理を、更に京都へと伝えたのは、佐野屋嘉兵衛だと伝えられていて、「鳥居本」は創業当初「佐野屋」を名乗っていたのだと言う。享保年間、今から二百七十年も前のことである。

卓袱とは、食卓に掛けるテーブルクロスのことを言い、即ち、卓を囲んで食べる料理を卓袱料理と呼んだ。今の中国料理と同じように、大皿に人数分盛られた料理を各自、取り分けて食べる作法は、それまでの日本にはなかった珍しい習慣で、身分制度が比較的緩やかだった長崎の風土には、受け入れ易かったようで、今日に至るまでほとんど当時の内容そのままに伝わっている。

一方、家族と使用人が同時に食事をし、家長制度が厳然としていた京都では、この習慣は直ぐには根付かなかったようである。たとえ漬物であっても銘々の皿に盛る京都では無理からぬこと。

従って「鳥居本」もいつしか卓料理から膳料理へと形を変え、「伝来卓袱料理」から「祇園料理」と名も改めた。

岡本佳幸は、この「鳥居本」で修業を積んだ。故に「吉膳」の料理は祇園料理であると強引に位置付ける。

勿論今の「鳥居本」で出す料理と「吉膳」のそれとは全く異なったものではあるのだが、その心根に同じものが流れているのだ。

少しだけ「京」を外しながら、「京」を香らせるのである。

例えば「造り」。多くは白身に葱《ねぎ》を巻いて出し、あっさり紅葉おろしとぽん酢で食べる。これが「吉膳」流。春から秋は鯛が多く、冬場は河豚《ふぐ》になる。白身の薄造りに細葱とぽん酢を添える割烹も少なくない。だが、最初から葱を巻いて出す店はほとんどない。この辺りは岡本の出身地が下関であることと無縁ではなかろう。「鳥居本」と同じく、西からの風を感じさせる料理なのである。

岡本は料理をすべて、ひとりで切り盛りする。お酒の世話など、接客を女将《おかみ》が受け持つこともあるが、料理はすべて主人が作り、盛り付けて出す。料理を手伝うスタッフの姿はない。

幾ら「吉膳」がカウンター七席だけの小体《こてい》な店だとは言え、余程の段取りが出来ていないと至難の業である。

だが、何度「吉膳」を訪ねても、岡本が、あたふたと慌てる様を見たことがない。泰然自若、悠々と料理を作っている。かと言って、料理と料理の間が空き過ぎたり、などという不様も皆無である。寧《むし》ろ、そのテンポに酒が追い付かないほどだ。

岡本は心底、料理を作るのが好きなのだろう。店で仕込みをするのが楽しくて仕方がない、といった風で、早朝から店に来ていて、定休日も設けていない。店に住んでいるのでは、と思うほどに、いつ電話しても「はい吉膳です」と岡本の元気な声が返ってくる。

怠らない仕込みの成果が、この料理のテンポに表れているのである。

気の利かない「若い衆」なら居ない方がいい。主人のリズムが狂わないからだ。それを見事に体現しているのが岡本佳幸である。

◇

《若い衆》

フレンチで言うなら見習いシェフといったところだろうか、多くの日本料理店には必ずといっていいほど若い衆が居る。客席と厨房がはっきりと分かれている店なら、そうでもないのだが、カウンターで区切られただけの割烹などでは、存外、この若い衆の動きが気になるものである。

本来、日本料理店の板場では、その序列が決まっていて、追い回しから板前までには、かなりの年数を要するものだと聞く。

追い回し、洗い方、焼き方控え、焼き方、煮方脇、煮方、脇板と来て、ようやく次に晴れて板前と呼ばれるまで、二十年は最低掛かったものだと、年輩の板前から聞かされたことがある。一言に若い衆といっても、そのランクは様々なのである。

その店の主人にとって、若い衆には、修業をさせている、と料理を手伝わせる、の二通りの意味合いがあって、それ故、複雑な感情を生むことがある。

長年、主人の傍《そば》に居り、充分気心が知れていて、主人の指示を待つまでもなく、先に動く、そんな職人ならいいが、多くはその逆で、中々主人の意図を理解出来ずに右往左往しているのが、大抵の若い衆なのである。

中京にあるI。

東山にある料亭の出店である。名料亭の味を手軽に食べられるとあって、女性客を中心に人気を呼んでいる。夏の最中、お昼をカウンターで食べていて、店長と思しき板前が若い衆を怒鳴りつけている場面に遭遇した。何か不始末をしでかしたのであろうが、言葉だけでは足りないと見えて、更には高下駄で、思いっ切り若い衆の臑《すね》を蹴り上げた。悲鳴は店中に響いた。

こんな凍り付いたような空気の中で食事を続けられる程に、僕は太い神経を持ち合わせていない。早々に辞去した。

この店長氏は、程なくこの店から独立して東京に店を出し、人気を呼んでいると風の噂に聞いた。蹴られた若い衆のその後は知る術《すべ》もない。

これほどではないにしても、日本料理店ではごく日常的に見られる光景なのだろう。厳しく躾《しつけ》る必要もあるだろうし、腹立たしいこともあるのは解るが、食事を楽しみに来ている客には迷惑千万である事を料理人は肝に銘じて欲しい。客には気付かれないようにすべきである。

眉を顰《ひそ》める、舌打ちする、声を荒らげる。そんな主人の姿が、間を置かず、料理の味に微妙な変化をもたらすことを知るべきだろう。

◇

席に着くと、ほぼ同時に出される数々の酒肴。続いて造り、椀。小気味いいリズムで、半月の折敷《おしき》に次々料理が出されていく。若い衆が居ないからこそ、主人は自分のペースを乱されることなく、穏やかな表情で料理に専念出来る。派手な趣向がない分、じっくりと料理を味わうことが出来る。

甘鯛の身と、一度蒸してから冷ました餅米に出汁を張る「グジの飯蒸し」は格好のお凌《しの》ぎ。「鳥居本」譲りの料理。小さな焜炉《こんろ》で焼きながら食べる炭火焼きと共に「吉膳」の定番料理だ。

相客と酒を酌み交わし、語らい、心地よい時間がゆったりと流れていく。まるでBGMを奏でるピアノソロのように、包丁の音が耳に心地いい。

岡本佳幸が作り出す、たおやかな空気に身を任せる贅沢、これが「吉膳」の真骨頂だ。

吉成幸紘「河玄《かわげん》」

京都は、北、東、西、三方を山で囲まれた狭い町である。山のない南には城郭のような京都駅が立ち塞《ふさ》がっている。四方を囲まれ、町の大きさは変わりようがないのだ。それ故、他の大都市のように縦横無尽に地下鉄が走り回るような必要もなく、南北と東西をそれぞれ結ぶ二本の地下鉄が走るだけである。

南北を貫く烏丸《からすま》線、その北の終点が「国際会館駅」、いわば京都の町の北の果てだ。岩倉がその辺りの地名。岩倉具視《いわくらともみ》が隠れ住んだ場所であり、岩倉は磐座《いわくら》に由来するとも言われている。磐座は神の降臨する石のこと。今も巨石がその名残を留め、京都の町を見守るように鎮座している。

吉成幸紘がこの岩倉に店を構えた頃はまだ地下鉄も開通しておらず、あまりの辺鄙《へんぴ》さに、店の先行きを危ぶむ声がほとんどだったと吉成は当時を振り返る。

言い換えるなら、好きな料理だけを作り、それを受け入れてくれる客だけが来てくれればいい、そんな固い決意の表れが、この地、洛北岩倉に開いた店「河玄」であったとも言える。

「河玄」、この名前を聞いて、「河」の字が気に掛かった人はかなりの京都通だといえるだろう。「河」は元を糺《ただ》せば「河繁」に由来する。京都における板前割烹の魁《さきがけ》とも言える「河繁」、「河玄」はその流れを汲《く》む店なのだ。

◇

《板前割烹》

大正も終わりに近い十三年、一軒の店が大阪の新町に誕生した。その名を「浜作」といい、即席料理という、当時耳慣れない料理を売り物にした。瀬戸内の新鮮な魚を揃え、客の目の前で捌《さば》き、料理した。刺身に、焼き物に、煮物に、と客の求めに応じてその場で料理をするので即席料理。なるほど、これは面白いと、浪速の食徒の間で評判になり、大繁盛したという。

この「浜作」の主人・塩見安三の、かつての同僚に森川栄という親友が居て、森川は塩見の成功を見、塩見の奨めもあって、京都に同じ屋号の「浜作」を開いた。塩見に遅れること三年、昭和二年のことである。

魚を割し（切る）、烹する（煮る）ことから割烹の名が生まれ、客の目の前に俎板《まないた》があることから板前。両方を取って、板前割烹という新たな店の形式が誕生したのである。

大阪の店以上に「浜作」は繁盛し、自由な気風を誇る京都大学の教授陣など、食徒のみならず学究の徒にまで人気は及び、知識人達の御用達店としても話題を集めた。

そして「浜作」に続けとばかりに京都に相次いで同様のスタイルを踏襲した店が現れ、その一軒が「河繁《かわしげ》」であった。

時は移り、二代目に代替わりした「河繁」。ちょうど永田裕道が「千花」から「千ひろ」を作ったと同様、次男坊が「河久《かわひさ》」を開いた。こちらは、「河繁」よりもっと自由に、洋食をも献立に加えるなどして、本店と何《いず》れ劣らぬ人気を誇った。大正末期に端を発した板前割烹は、昭和の時代と共に、どんどん間口を広げていったのである。

こうして板前割烹は、敷居の高い料亭を敬遠する客をも取り込み、全盛を迎えるのである。

◇

洛北岩倉は北の果てでもあるが、東の果てでもある。「河玄」の前に立つと、比叡山が直ぐ目の前に迫っている。冬場になると比叡颪《おろし》が吹き荒《すさ》び、暖簾が風に舞い上がる。逃げるようにして格子戸を開け、中に入るとすぐにカウンター。板場から主人が迎えてくれる。熱いお絞りで掌《て》を温め、とりあえずのビール。と、程なく出て来るのが、いわば前菜。季節の酒肴が何品か盛り合されている。

これを摘まみながら、その日の料理を決めるのが「河玄」のやり方だ。カウンターには経木に書かれたその日の献立が置かれていて、刺身、焼き物、揚げ物、など、素材の名が列挙してある。

吉成幸紘が「河久」で修業を積んだ証《あかし》として春巻きや手羽先、更にはビーフシチューや牛肉照り焼き、牡蠣フライなどの洋食も、メニューに並んでいる。どれも旨そうだ。

と、一通り見終わった頃を見計らって、

「どう、しましょ」

と吉成が尋ねてくる。

はっきりここで、食べたいものがある時はその旨告げるが、取り立てて……と躊躇《ちゅうちょ》していると、すかさず、

「適当にお出ししましょか」

と来る。

この日の一番美味しいところ、自信のあるものを順に出していっていいですか、と了解を求めて来ているのだ。異存はない。と確かめて、吉成は料理に取り掛かる。

これが本来の意味での「おまかせ料理」ではないか。「河玄」へ来る度、いつもそう思う。そして、これが板前割烹の正しい姿であるようにも思う。板前割烹に不可欠なのは、この阿《あ》吽《うん》の呼吸なのだ。

一旦は客の側に料理の選択権を渡す。客がそれを行使するなら、勿論それに合わせるが、選択権を放棄し、主人にすべてを委ねたなら、主人は客の好みに合わせた料理を出していく。これが板前割烹における真のおまかせ料理であろう。

おまかせという名のお仕着せ料理が如何に多いことか。

虎落笛《もがりぶえ》が響く或る夜、吉成が選んだのは、グジの造り。香箱蟹の酢の物。鴨ロースの枝（鴨ロースの端切《はぎ》れにウスターソースと芥子《からし》を和《あ》えたもの）。牡蠣フライ。ビーフシチューとご飯。

幾度となく通い詰めた結果、僕の好みを熟知した上での献立であるから文句の付けようがない。すべて僕の好物ばかりである。献立を見て注文したとて、きっと同じ結果になっただろう。

吉成は下戸なので、初めての時は料理のペースが速過ぎた。それを牽制《けんせい》して、あえてゆっくり食べると、次にはそのペースをちゃんと守ってくれる。

「河玄」は決して一見《いちげん》さんお断りの店ではないが、やはりこの店の良さは、二度、三度、通わないと見えてこない。初見はお見合いにも似て、相性を探り、好みを知らせる機会と心得た方がいい。こうした店で一見客が心から満足するのはかなり難しいことなのである。

河玄

唯一、初めてでも満足したければ、常連客からの紹介という法がある。その常連客を探すのが難しいというなら、ホテルのコンシェルジェ、旅館の女将に紹介して貰う手がある。これは案外効果的である。何の伝《つて》もなく、いきなり店を訪ねるよりは、遥かに居心地よく過ごせるはずだ。

そうは言うものの、やはり、これらの店は、常連客が心地よく過ごせることを常に念頭に置いて、店を開いているので、その辺りを充分理解した上で出掛けたいものだ。

秋の夜長、突然思い立って、予約の電話を入れた。一瞬の間があって、「どうぞ、お越しください」と吉成の声が弾んだ。

この、一瞬の間と、妙に弾んだ声を訝《いぶか》りながら暖簾を潜ると、席は既に埋まり、まるで僕らの到着を待ち兼ねていたようだった。そして料理がはじまった。

この夜、「河玄」は寿司屋になった。京都には旨い寿司屋がないという常連客の嘆きに、それならば、と、吉成が応え、一夜限りの寿司屋が岩倉に出現したというわけだ。たまさか予約の電話をした僕らはそのお相伴《しょうばん》に与《あず》かったのだ。

葉蘭《はらん》を敷き、生姜を添え、懸命に吉成は寿司を握り、真剣に遊んだ。ついに最後まで寿司だけしか料理は出て来なかった。

この夜の常連客は病弱で遠方まで足を運べないと後で知った。寿司屋遊びを大いに楽しんでいたようで、帰り際には感謝の言葉を繰り返し告げていた。

見送られて表に出ると、月が白々と明るく、澄み渡る秋の空気が頬の酔いを冷まし、料理人が渾身《こんしん》の力を込めた一夜の宴が心に沁《し》みた。

丸山嘉桜「祇園丸山」

丸山嘉桜は立志伝中の人物である。叩き上げ、と言ってもいいだろう。

十八歳で、料理の道に入ったのは父親の奨めであった。奨めというよりは半ば強引に、という方が適切な表現なのかも知れない。

とにかく少年時代は貧しかった、と丸山は振り返る。友人の家へ遊びに行っても見るものすべてが珍しく、自らの暮らし振りとのあまりの違いに、羨ましがる術もなかった、と笑う。

だが、貧しくはあったが、ひもじくはなかったと、胸を張る。それは清廉な生き方をする父親が誇らしかったからだとも。

たとえ今は貧しくとも、何時《いつ》か子供が大きくなった時に、必ず役立つと考えただろう父は丸山少年を連れて美術館へ通った。

そこで或る時丸山少年は、ピカソに出会って衝撃を受ける。「鏡の前の少女」である。

鏡の前に立つ少女の実像、鏡の中に居る少女の虚像。同一でありながら、何処《どこ》かに不一致がある。暫くはこの絵が目に焼き付き、その不思議が頭から離れなかったという。

ややあって、突然思い付いたのは、物事にはすべて二面性があるのだ、ということ。すべてのことは一つの現象でなく、必ず別の一面が存在する。言い換えれば表と裏がある、ということだった。このことに気付いたのが自分の人生の中で最も大きな出来事だったと丸山は、きっぱり言い切った。

ピカソに出会ったことで美術に目覚めた丸山少年が当初目指したのは画家だったが、それで生計を立てるのは無理だと判断した父親は、時代を予見し、料理人になることを奨めた。思いもしなかった「料理人」という言葉に、戸惑いを覚えながらも丸山少年は、料理にも絵心が生かせるのでは、と瞬間に考え、二つ返事でこれを受けた。ここで既に二面性に気付いたことが生かされたのであろう。

料理などしたこともなかったし、しようとも思わなかったが、「料理」という名の絵を描く、そう思えばいい、と丸山は自らに言い聞かせた。

「高台寺土井」を出発点に、「菊乃井」「高台寺和久傳」と、修業を積み、修業は何時しか、求められて店を任せられる形へと変わっていった。

三十七歳にして初めて自分の店「祇園丸山」を持つまで、丸山嘉桜はともかく勉強を重ねた。もとより興味のあった絵画は勿論、茶道、華道の稽古も続けた。

料理人は料理のことだけ考えていればいい、そんな古い板場の中では異端児にも映る丸山は周囲の雑音に怯《ひる》むことなく、建築、庭園、と更に分野を広げた。料理を描くには周囲の背景も大事、と考えたからである。

修業に休みはあっても勉強に休みはない。丸山が足繁く通ったのはやはり美術館だった。

◇

《小さな美術館》

京都の町中には小さな美術館が点在している。大したＰＲもせず、人知れずひっそりと、そんな風なので、心静かに絵画や陶芸と戯れることが出来る。まるでオアシスを求めるかのように、料理人達もよく足を運ぶ。料理のヒントを探しに、或いは心を休めに、やって来るのだ。

丸山が通うのは四条通りにある「何必館《かひつかん》」だと聞く。ここは魯山人《ろさんじん》のコレクションで知られ、だがそれ以上に、不思議に落ち着いた空気に触れたくて通う客も多い。最上階に設けられた茶室と光庭。表通りの喧騒が嘘のように静かな空気が流れている。

岡崎にある「細見美術館」はモダンなデザインで知られ、独創性に満ちた企画展も人気を呼んでいる。ここにも最上階には茶室があり、「古香庵」と名付けられている。直ぐ目の前に東山のたおやかな峰々が迫り、所望すれば、着物姿の京美人が点《た》ててくれる抹茶に、ホッと一息付ける。地下にはオープンカフェもあって、中々旨いパスタが出て来る。

五条坂にある「河井寛次郎記念館」。陶芸家河井寛次郎の住まいをそのまま使った美術館には多くの料理人達が足を運んでいる。フレンチのシェフ、名料理長、知られた名前が芳名録に並んでいる。本物の民芸建築を目の当たりにし、河井寛次郎の陶芸、更には詩文に触れ、何を感じ、それがどう料理に生かされたのか、気になるところだ。

取り立てて稀少な美術品が数多く所蔵されているからという理由からではなく、休みの日には自然足が向くというこれら、小さな美術館。

料理人が、ごく日常的に優れた美術に触れること、その醸し出す空気に身を委ねること、それは少なからず料理に良い影響を与えるだろうことは間違いない。盛り付けのセンスは言うに及ばず、店の設え、器選びにも役立つはずだ。

料理屋の片隅に、こんな美術館のカードでも置いてあれば、それはきっと、いい店であることの証である。

料理をビジネスとしてしか捉えていない向きは決して足を運ばないだろうからだ。

◇

建仁寺　祇園丸山

名料亭の料理を作り上げてきた手腕に加え、様々な知識や経験が見事に生かされた「祇園丸山」は瞬く間に評判を呼び、祇園一から、京都一との名声を得るに至るまで、さほどの時間は掛からなかった。

部屋の設え、調度《ちょうど》、器使い、盛り付けに至るまで、すべてに、これまでの蓄積が生かされた。連日満席が続く客席。一般客に交じって、これまで丸山が修業して来た店の先輩達の姿もあった。

と、ここで話が終わらないのが、丸山が並みの料理人と違うところ。

店を開いて五年。「祇園丸山」の名声が隅々にまで轟《とどろ》き渡った頃、丸山は更なる完璧を目指し、新たな店の構想を練りはじめていた。

そして五年の後、即ち「祇園丸山」が開店してから十年後に、「建仁寺《けんにんじ》 祇園丸山」をオープンさせたのだ。

三軒の町家を一軒の店に作り変えた建物は、一分の隙もないほどに完璧を極めた。老舗に優るとも劣らない料亭の誕生である。割烹が人気を集める時代に、敢えてカウンター席をなくすことで、より一層料亭色を濃くした。

料理を作る板場が見えない座敷ながら、その臨場感を出す為に縁側での炭火焼きという手法を編み出した。秋には丹波の地山松茸、冬には丹後間人《たいざ》の蟹、春には琵琶湖の本モロコと、厳選された食材が客の前で炭火焼きにされる。

先付け、八寸からはじまって、お椀、造り、焼き物と続く、正統派の懐石料理。確かな素材と品のいい盛り付けで、接客にもそつがなく、心平らかに食事をすることが出来る。

ただ、余りに完璧過ぎて、些《いささ》か面白みに欠けるのでは、という声がちらほら上がりはじめた昨年、「祇園丸山」の改装がはじまった。

建仁寺の店も一段落し、完璧を期する為、かねてから懸案の祇園店の改装に取り掛かったのだ、と人伝《ひとづて》に聞いた。

何処まで突っ走るのだろう、何処まで完璧にすれば気が済むのだろう。少なからず僕は危《き》惧《ぐ》の念を抱いた。あまりに完璧を目指すとご当人も疲れるだろうし、客も又然《しか》りである。どんな店になるのか、完成を待った。

改装も完了し、いよいよお披露目。案内状が届いたまさにその日、丸山の父君の訃報《ふほう》が届いた。

告別式は師走九日「祇園丸山」オープン前日だった。喪主を務める丸山は、紋付袴に威儀を正した気丈な姿を見せながらも、その表情は明らかに店で見せるそれとは違っていた。

完璧を期し、自信に満ちた表情で語る店の顔とは異なり、料理人人生の道を開いてくれた父の死を悼《いた》み、取り乱さんばかりの苦痛に歪んだ顔を隠そうとはしなかった。

完璧を目指す料理人である前に、一人の息子である、そう、人には二つの顔があるのだ、丸山の言葉を思い出し、僕はホッとした。

改装なった「祇園丸山」のテーマは「光と音を感じる」である。

川村岩松「菱岩」

残念ながら、川村岩松の料理を店で食べることは出来ない。しかし、店以外でなら何処でも食べられる。判じ物のようだが、答えは簡単。仕出し専門の店だからである。

仕出し屋のことは第一章で述べた通りで、今風に言うならデリバリー和食である。多くは店では食べることが出来ない。

にも拘《かかわ》らず、「【菱岩】さすが老舗。味はいい。だが店の内装がイマイチで接客も悪い。ゆっくり食べる雰囲気じゃなかった」と、インターネットのグルメ掲示板にあったのには笑ってしまった。

これまで発表の場を持てなかった自称グルメ達が、掲示板に、食の成果を披露するのが流行しているようだ。中にはきちんとしたページもあるが、多くは聞きかじった知識を受け売りするだけの、落書き程度のもの。実際の経験に基づくものではなく、ガイドブックなどから得た情報の切り貼りだから先に書いたような笑い話が生れる。あまりいい流行ではないなと思っている。

それはさておき、「菱岩」。天保初年創業、というから、二百年近く、仕出し一筋で商って来た老舗だ。川村岩松は五代目当主。老舗の例に違《たが》わず、十八歳から七年間、東京の料亭で修業を積んだ。

冷めて尚旨し、が仕出し料理の目指すところだが、料亭料理は、熱いものを冷めない内に食べさせるもの。京都に帰って暫くは、このギャップを埋めるのに腐心したと川村は当時を振り返る。

京都の町中に、それこそ星の数ほどある仕出し屋の中で、「菱岩」が名店と言われるようになったのは、岩松の先々代、松之助の頃からであった。松之助は、特に誰かに師事したという訳でなく、文献を繙《ひもと》き、独学で料理を学び、究めていったと言われている。とりわけ鱧切りは最も得意とするところで、鱧切り名人とも称され、「菱岩の鱧」は一躍全国に知られることになった。

当代岩松も、鱧を得意とし、夏場の料理には必ず鱧の料理が付く。

さて、では川村の料理を食べるにはどうすればいいのか。一番いいのは「お茶屋」で頼むことである。自前の料理を持たないお茶屋では、食事はすべて仕出し屋から運ばせる。お茶屋によって、それぞれ馴染みの仕出し屋があるが、「菱岩」なら大抵のお茶屋で頼むことが出来る。とは言え、お茶屋遊びとなると、それなりの覚悟が要るし、誰でもが出来ることではない。

最も簡単な方法は弁当である。

予め頼んでおけば、一見であろうが、たった一個であろうが、気持ち良く作ってくれる。ホテルでも、鴨川の河原でも、好きなところで包みを解けば、そこが「菱岩」の食事処となる。

「菱岩」の贅沢を極める法、例えばこんなのはどうだろう。

大文字の送り火も終わり、潮が引くように、京都の町から観光客の姿が消えていく。大文字の送り火が終わると同時に京都の夏も終わる。とは言え、蒸し暑さは変わらない。

がらんとした祇園白川を歩き、頼んでおいた弁当を受け取りに新門前の「菱岩」へ急ぐ。途中、通り掛かった骨董屋の店先で、如何にも涼しげな秋草文様《あきくさもんよう》の古伊万里蕎麦猪口《こいまりそばちょこ》を見つけ、思わぬ安価で手に入れた。

骨董屋がずらりと軒を並べる新門前の通りが鉤形《かぎがた》に曲がる角に「菱岩」はある。店先に旧式の黒い自転車が並び、今しも若い衆が料理の入った箱を肩に乗せ、配達に出掛けるところ。

菱岩

名を告げると、用意された弁当を紙袋に収め、「おおきに有り難うございます」と手渡された。

　夕闇が迫り、白川沿いの店に明かりが入る。薄っすらと障子越しに、だらりの帯が見え隠れする。紙袋を提げて鴨川へと向かう。今宵の夕餉《ゆうげ》は鴨川堤。

　鴨川の流れも真夏に比べると幾分勢いを増したようで、さらさらと水音が響き、蜻蛉《とんぼ》がつぃーっと水面を遊ぶ。向こう岸には床が出ていて、提灯《ちょうちん》に次々明かりが入る。河原に降りて、先刻の蕎麦猪口を洗う。水は思ったより冷たい。

　石段に腰掛け、包みを解き、酒屋で買った伏見の銘酒をなみなみと猪口に注ぐ。蓋を取ると……。

◇

いつの頃からか、日本料理屋で、手軽に食べさせる料理として、弁当が目に付くようになってきた。お昼のお弁当。

懐石などに比べると値段も、うんと手軽で、気安く食べられることから、主にご婦人方の人気を集め、大抵の日本料理屋の品書きに、お昼のお弁当が加わるようになった。

元来、弁当は仕出し屋の仕事であり、本来の形式は、二段の杉折にご飯とおかずを別々に入れたもので、これを撒《ま》き弁当と呼んだ。撒きとは、使い手を特定しないものの呼び名で、この撒き弁当は専《もっぱ》ら、花見や芝居見物などの際の食べ物として庶民の人気を呼んだ。

《お弁当》

方や、料理屋が作る弁当としては、松花堂《しょうかどう》と、大徳寺縁高《だいとくじふちだか》がある。前者は、江戸の茶人、松花堂昭乗《しょうじょう》が煙草盆として使っていたのを、戦後、「吉兆」の創始者、湯木貞一が弁当箱に見立てたのがはじまり。

二〇〇二年春、松花堂ゆかりの石清水八幡宮《いわしみずはちまんぐう》近くに松花堂庭園が整備され、それを機に、

「吉兆」の松花堂弁当を食べさせる店が出来、好評を呼んでいる。

後者は、大寄せ茶会の際に懐石替わりとして、紫野《むらさきの》大徳寺の菓子鉢を弁当の器に転用したのがはじまりである。

弁当とは、

外出先で食事する為、器物に入れて携《たずさ》える食品。また、その器物

と、『広辞苑』にあるように、本来は館で食べるものではないのである。

更には季節。雛《ひな》祭りを弁当はじめ、紅葉狩りを弁当納めとするのが老舗の料理屋の習わし。

つまり、真冬の日本料理店の座敷で弁当を食べる、のは本意から相当外れたことなのである。

◇

お弁当の楽しさは、ぎっしり感である。杉折に隙間なく見事に詰め合わされた彩りのおかずは見ているだけでも楽しい。さてどれから食べようか、不作法な迷い箸《ばし》も、こんな時くらいは許されるだろう。迷った挙句に真っ先に箸を伸ばしたのは「菱岩」名物出し巻き玉子。しっかりと出汁の味が利いて、酒のアテにはちょうどいい。小芋の煮付けはあっさりと、子持ち鮎の甘露煮は幾分濃い目の味付け、と同じ煮物でも微妙に味加減が違う。胡麻和《ごまあ》えや穴子の八幡巻など、味に緩急の変化があるので飽きることがない。

最後に残った物相ご飯。これがまた旨い。炊き立ての熱々ご飯は、ほくほくと旨いが、冷めたご飯はしみじみ美味しい。噛み締めると、しんみりとした余韻が残る。

ホテルや片泊まりの宿なら、部屋でゆっくり食べるのもいい。五千円も出せば立派な夕食代わりになる。

もしくは旅の締め括《くく》りに、帰りの車中で食べるのも一興だ。隣席の羨望の眼差しをひしひしと感じるに違いない。

割烹や料亭ばかりが京料理ではない。満席になる心配もなく、心置きなく食べられる京の味。「菱岩」のお弁当、覚えておくと必ずいつか役に立つ。

原田耕治「割烹　忘吾《ぼあ》」

最も京都らしく見える場所、というのがある。その写真を見れば誰もが京都と解る、そんな場所。ひとつは東寺の五重塔をバックに走る新幹線。京都××殺人事件、なんていうテレビ番組の冒頭は大抵ここからはじまる。

いまひとつは祇園白川に掛かる石橋、巽橋の畔《ほとり》である。橋に続く細い路地にはお茶屋や料理屋が軒を並べ、橋の反対側には辰巳大明神の小さな祠《ほこら》が鮮やかな朱色を見せている。ここは殺人を犯した犯人が返り血を浴びたまま逃げまどうところ。誰が見ても、ここだけ見ても、舞台は京都と一目で解るのだ。

春にはライトアップされた枝垂《しだ》れ桜が白川に映り、さらさら流れる小さな川越しに割烹のカウンターが見える。

「こんな店で舞妓さん相手に一杯飲めたらいいだろうなぁ」

そんな憧れの眼差しを一手に引き受けている割烹、それが「さか本」である。雰囲気だけでなく、その実力も第一級、京都を代表する割烹として、その名は東京にまで響き渡っている。

原田耕治は、この「さか本」で三年間修業を積み、その成果を「忘吾」で披瀝《ひれき》している。

原田はオーナーシェフではない。輸入雑貨の会社を営む岡田幹司が割烹店を開くに当たって白羽の矢を立てたのが原田耕治だったのだ。岡田は又、絶景の料亭として知られる「鹿ケ谷山荘」のオーナーでもある。この「鹿ケ谷山荘」はザガットの京都版内装の部でトップの評価を得ている。岡田の店造りには定評があるのだ。

「忘吾」と書いて、ぼあ、と読む。割烹としては随分変わった名だ。ボアーは英語で猪《いのしし》のこと。a wild boarだ。

岡田は他にもう一軒、京都の宇治で「蝶」という名のガーデンカフェを開いている。忘吾の猪、鹿ケ谷山荘の鹿、そして蝶。花札の役が出来るという訳、粋な話だ。

店の造りも相当に変わっている。木屋町《きやまち》通りに面してはいるが、店の入口は二階にあって、何処から入るのか、初めてだと大抵は迷う。階段を上ったところにある扉も、割烹というより、スペインのバールのような重々しいもの。店に入ってようやく割烹らしい空気が感じられるが、テーブルや椅子、調度は何処かエスニックな雰囲気。

　ここでしかし、「なんだ、今風の創作和食か」と侮ってはいけない。料理は正統派。「さか本」仕込みの本格割烹なのである。素材をきっちり活かして、身体ごと体当たりして来る猪のような腕力のある料理を原田は作る。

　店に入って直ぐ左手にカウンターが伸びていて、その奥に厨房がある。ひとり、ふたりで行った時は必ずこのカウンターに席を取る。

　その日のお奨め料理が、黒塗りの板書きにある。朝から仕込みをはじめ、凡その目途が付いた昼過ぎに、原田自らが、思いつくまま筆を取る。中々に達者な筆遣いだ。

忘吾

　初冬の晩い食事。カウンターの端っこに座ると、先ず、とりあえずの前菜が出る。居酒屋でいうなら、お通し、といったところだが、下手な料亭なら、八寸《はっすん》といっても通用するような美味盛り合わせ。これを肴に先ずはビールを飲みながら、あれこれとその夜の作戦を練る。

冬は旨いものが多過ぎる。蟹が手招きし、鴨が呼んでいる。河豚《ふぐ》は目配せしてくるし、牡蠣はしなだれかかってくる。ナマコはいつの間にか擦り寄って来るし、挙句にスッポンまでが首を長くして待っている。この誘惑に敢然と立ち向かうほどに、僕は強い人間ではない。たとえ八方美人と言われようが、みんなまとめて面倒をみよう、となってしまうのである。と、ふと黒板を見ると、かぶら蒸しとある。そうそうこれを忘れていた。先ずはかぶら蒸しで身体を温めてから、次を考えよう。

◇

《とろりとふわり》

冬の京都の名物に、このかぶら蒸しがある。

霜降りにしたグジや木耳《きくらげ》、銀杏《ぎんなん》などを、おろした蕪《かぶ》に入れて丸めて蒸す。蒸し上がったら、山葵《わさび》を天盛りにして、たっぷりの銀餡を掛ける。

銀餡は吉野餡とも言い、出汁《だし》に味醂《みりん》と醤油、塩で味付けし、水溶きした葛粉でとろみを付けた餡のこと。この、とろみが京都人は大好きなのだ。何かというと餡掛けにする。うどんもしかりだ。冬場、うどん屋の一番人気はこの餡掛けうどん。玉子とじなら、けいらんうどん。きつねなら、たぬきうどん。しっぽく（かやく）なら、のっぺいうどん、となる。最近ではここにカレーうどんが加わる。

底冷えの京都、餡掛けにすると、冷め難い。そんな智恵が自然働くのだろう。更には餡掛けにはおろし生姜が付き物。これも又、内側から身体を温めてくれるのだ。生姜といえば、スッポンも同じ。京都には日本一（旨い？　高い？）のスッポンの店がある。名を「大市」といい、三百数十年の歴史を誇る老舗である。丸鍋にされたスッポンは、とろりと蕩《とろ》ける。露生姜が味をきりりと引き締める。

浜名湖産のスッポンも京都へ来れば、とろりとした、まったり味になるのである。

地球最後の前日、何を食べたいか、という命題に答えて、この「大市」のスッポンを挙げる東京の文化人は数多い。僕なら間違いなく、数寄屋橋「次郎」の握り鮨だが。お互いないもの強請《ねだ》りなのかも知れない。

「大市」の丸鍋、スッポンの身は勿論だが、最後の雑炊がこれまた旨い。濃厚なスープに絡まるご飯と玉子。この仕上がりが、ふわりと旨いのである。京都人は又、この、ふわり、にも弱いのだ。あんまり、この雑炊が旨いので、鍋底をかりかりとこそげていたら、鍋に穴が開く、と仲居さんに叱《しか》られてしまった。それほどに、ふわりとした口当たりが、いとおしいのである。

ふわり、典型的なのは親子丼。半熟玉子がふわり、とろりと掛かり、これを掻《か》っ込むのは、ささやかな贅沢。至福の昼餉《ひるげ》である。或いはオムライス。これも又半熟玉子の為せる業。ケチャップライスに絡まる玉子をスプーンで口に運ぶと一気に子供に戻る。

◇

「忘吾」の階上には囲炉裏を囲むテーブルや、掘《ほ》り炬燵《ごたつ》式になった個室風のスペースもある。四人以上になると僕は、階段を上る。料理も一品だと面倒なので「おまかせ」にする。ここの「おまかせ」、先付けからはじまって、造り、焼き物、煮物など、十品ほどが次々出て来て、六千八百円と格安で食べられる。ワイワイ、ガヤガヤもたまにはいいものだ。日本酒、焼酎、ワイン、飲んでは食べる。居酒屋感覚で気軽に楽しめて、且《か》つ本格的な割烹料理が味わえる。貴重な店だ。

和食にワイン、僕は結構好きなのだがまだまだ認知度が低く、ちゃんとしたワインを置いている割烹は少ない。

「忘吾」には嬉しいことに手頃なワインからヴィンテージまで、豊富に揃っている。近頃は専ら安ワイン党なので何より有り難いのだ。勿論高くて旨いワインも好きなのだが、如何せん量を飲むので、ワインリストを見せられると自然、人差し指が、一番安いワインを指してしまうのである。

「忘吾」のソムリエも兼ねる看板娘のナオちゃんは、そんなことは先刻承知で、何も言わなくても僕向きのワインを何本かぶら下げて来てくれる。

ワインを片手に、つるりとした生牡蠣を舌に滑らせ、鴨の塩焼きのぱりっとした皮を楽しむ。ワインを空けて、又、ワインを開ける。コラーゲンたっぷりのスッポンに酔いしれ、蟹の爪と戯れる。ボアー原田の体当たり料理にすっかり翻弄されて、止まることを知らず食べて飲む。コリコリした青ナマコから海が流れて来て、又ワインが空いた。これが三本目だと言いたげに原田が出す指が六本くらいに見えた。「忘吾」、吾を忘れるほどに楽しく飲んで食べる店なのである。

第五章　旦那衆の「ご飯食べ」

店を生かすも殺すも旦那次第

かつて、京都で店を育てるのは旦那衆の役目だった。商いは先代から仕える番頭と女房に任せ、要所要所を締めるくらい。後は専ら外商と称して、風流三昧《ざんまい》。そんな粋な大店《おおだな》の旦那衆が、闊歩《かっぽ》していたかつての京都。昼に夜に、旨い店を探しては、仲間と連れ立って、或いは綺麗どころと同伴で、舌鼓を打っていたのである。

食べ歩くうち、当然のことながら舌も肥え、自然、料理の知識も身に付く。経験の浅い板前ではとても太刀打ち出来ない程だったと聞く。

旦那衆に認められる、それは即ち店の成功を意味する。

気に入った店には、とことん通い詰め、馴染み客としての地位を固めて行く。友人知人を案内し、我が店のごとく自慢しながら振る舞う。

だが一旦気に入らないとなると、ぷっつりと行かなくなる。その逃げ足は速い。

西陣の旦那衆の贔屓《ひいき》で繁盛していた料理屋J。毎夜、旦那衆が上七軒の芸妓《げいぎ》達を連れての「ご飯食べ」で賑わっていた。

遥々《はるばる》伊勢からやって来る、担ぎの魚屋で仕入れた魚と、魚のすべてを心得た腕利きの主人が評判を呼んでのことだった。

繁盛し過ぎて客が入り切れない。満員で断る客の方が多いくらいだ。

一計を案じた主人は、店を広げて客席を増やそうと隣家を買って増築した。

新装祝いの花が溢れ、ご祝儀《しゅうぎ》の金封が店の壁を埋め尽くした。暫くは盛況が続いたが、やがて潮が引くように、客足がぱったりと途絶えた。

大勢の客に対応する為、仕入先を替え、新たに雇い入れた板前の質が低下したのを、旦那衆は見逃さなかったのである。

客が激減した原因がそのことにあると、主人が気付いたのは、内祝いの挨拶回りを終えた頃だった。時既に遅し。一度落ちた評判は元に戻ることなく、Ｊの看板は程なく消えた。

旦那衆は基本的には店の方針に口を挟まない。店を広げたいというＪの主人に対しても、

「立派なもんやなぁ。結構なこっちゃ」

としか言わない。後は高みの見物を決め込む。

結果を見てから旦那衆は口を揃える。

「やっぱりなぁ。思てた通りや。店と屏風《びょうぶ》は広げたら倒れる、て」

恐るべし、旦那衆だ。

「いい店が出来た」

という評判が伝わるのには結構時間が掛かるが、

「あの店はダメになった」

という悪評が旦那衆の間に浸透する速度は驚くほど速い。

東山の割烹K。魚は勿論、上質の近江牛にも定評があり、大蒜《にんにく》をたっぷり使った和風ステーキに惹かれて通った旦那衆も少なくなかった。

所は変わって滋賀県の名門ゴルフクラブ。旦那衆がラウンドしていて、ショートホール。グリーンに上がったところで次の組のティーショットを待った。

「おい、あれ、Kと違うかぁ」

帽子の下に手を翳《かざ》して旦那が呟《つぶや》く。

「そうですなぁ。あれKですわ。一緒に回ってるのは板場の若い子らでっせ」

同じような仕種《しぐさ》で、もう一人の旦那が応じる。

Kのティーショットは見事に決まってピン側一メートル、バーディチャンスだった。

「やりよんなぁ」

「やりよりますなぁ」

旦那衆の拍手にKは帽子を取って満面の笑みで応えた。

ラウンドが終わって、旦那衆の一人とKが風呂でばったり出くわした。

「やるやないか。どれくらい回ってるんや」

「はぁ。何とか週に二回は回るようにしてますねん。今年中にはシングル狙《ねろ》てるんですわ」

「ほう。そら大したもんや。きばりや」

「この夏には店のコンペ、やろ思てますねん」

「そらええこっちゃ。反物《たんもの》でよかったらワシも賞品出すで。呼んでや、頼むで」

言い残してその旦那は先に出た。

「こっちこそ、よろしゅう頼んます」

ぺこり、Kは旦那の後姿に頭を下げた。

同じ日の夕方、旦那が立ち寄ったのは宮川町のお茶屋バー。

「あのKはもうアカンなぁ。週に二回も回っとるらしい。ほんなことで旨いもん作れる訳ないがな」

水割りの氷を舐《な》めながら旦那がぽつりと一言。

「よろしがな、ゴルフぐらい。Kさんも、やっと余裕が出て来たんでっしゃろ」

乾き物ののったガラスの皿を出しながら女将が言葉を返す。

「あのな、週二回いうことはやで、店開ける日も回っとる、っちゅうこっちゃ。そらアカンがな。誰が料理の仕込みしとるねん」

旦那が顔を顰《ひそ》める。

「そら、あきまへんなぁ」

女将が溜め息を吐く。

その夜も更けてKが同じお茶屋バーを訪ねたのは閉店間際。

「えらい、腕上げはったらしどすなぁ」

店の片付けをしながら女将がゴルフのスゥイングを真似た。

「え？　誰から聞いたんや。お母はん、早耳やなぁ」

日焼けした腕に輝くブルガリがグラスに当たる。

「まぁ、そこそこにしときなはれや」

女将は看板の灯を落とした。

諭すのは「お母はん」の仕事だが、Kは結局耳を貸さなかった。

コンペを開くどころか、割烹Kから客足が遠のき、やがて居酒屋チェーンに店が変わったのは、ゴルフ場での出会いから半年も経たない頃だったという。

当然のことながら、旦那衆は店を潰すばかりではない。多くの店を育ててきたのも又、旦那衆なのである。

先述のJ。心機一転、店の名も変え、ひっそりと小さな割烹を開いた。開店して一年も経った頃、J当時の馴染みの旦那がやって来た。会社の創業記念日に配る弁当の依頼だった。Jは勿論、有り難くこれを受けた。

このことをきっかけに、Jの新たな店は食通達の知るところとなり、小さいながらも連日満席が続く店になった。

割烹Lが食中毒を出した、と新聞に出た。Lを贔屓にしている旦那は事情を聞こうとLに電話を入れた。聞けば、客が持ち込んだ川魚が原因だと言う。すっかり落ち込んでいるLはしかし、すべて自分の責任、潔く処分を受けて出直すと訥々《とつとつ》と語った。

件の旦那は仲間に声を掛け、三日間の営業停止が解けた翌日から、連日Lを借り切って家族や友人を総動員、Lを励ました。

閑古鳥《かんこどり》が鳴くことを覚悟していたLは、身に余る幸せを噛み締めた。京都で店を開いたことの僥倖《ぎょうこう》を改めて細君と一緒に喜んだ。

それから数年後、鬼籍《きせき》に入った旦那の墓前にはL夫妻の供えた花が年中絶えることはなかったという。

「一見さんお断り」、その言葉の裏にはこんな物語が店の数と同じくらいあったに違いない。店と客がそれぞれ思いをぶつけ合い、長年掛かって築いてきた間に、一夜、通り過ぎるだけの客が入り込める余地はない。

通い合う心を大事にしたいが故の「一見さんお断り」である。

他者を排斥する為でも、ステータスを誇る為だけのものではなかったのだ。

心をなくして形だけ残った「一見さんお断り」に、無理矢理入り込もうとする昨今の風潮は、あまりにも虚しい。

旦那洋食

旦那衆が好きなのは何も和食に限ったことではない。どころか、洋食も中華も大好きなのである。加えて、和食を食べ飽きている若い舞妓達のリクエストに応えて、洋食屋へ足を運ぶことも少なくない。

花街に必ず旨い洋食屋あり、巷間よく言われるのは、こんな理由からだ。

かつて祇園富永町に「つぼさか」という洋食屋があって、行くと大抵、舞妓や芸妓の姿があったのを子供心に覚えている。旦那衆御用達の洋食屋だったのである。

父に連れられてビーフシチューを食べながら、簪《かんざし》の揺れるのが珍しく、何度も振り返り、

「人をじろじろ見たらあかん」

と父によく窘《たしな》められた。

ゼリーのような口当たりの冷たいコンソメスープ、海老フライ、照り焼きステーキ、何を食べても旨かったが、とりわけ最後に出て来るお茶漬けを何よりの楽しみにしていた。

それだけに、久し振りに再訪した時、店が跡形もなく消え、ビルに変わっていたのには少なからずショックを受けた。

時は移って、平成六年の初夏だったか、祇園での夕食の後、東山界隈を散策していて、一軒の洋食屋に偶然出会った。

二寧坂《にねんざか》の畔、細い路地を入ったところにある小さな店。真っ白な看板に「みしな」とあり、オープンして一週間足らずだと主人、三品寿昭が名刺を差し出した。

「昔、祇園で、つぼさかいうお店やったはったんでっせ。贔屓にしたげとうくれやす」

傍らに立つ、昔の馴染み客だったという女性の言葉に驚いた。又、あの「つぼさか」の洋食が食べられる。まるで初恋の女性に出会ったかのように胸が弾んだ。

日を改めて出直し、「みしな」のカウンターで懐かしき海老フライとお茶漬けに再会し、時を超えた、変わらぬ味を堪能した。

開店から八年、オールドファンに加えて、若い人達の支持も集めて「みしな」は今も活況を続けている。後継ぎを決めた子息もフライパンを握り、隣の女将も頼もしげに見守っている。

旦那衆が育てた味は、こうして次の時代へと伝えられていく。絶品としか表現のしようがないビーフシチューを是非ご賞味あれ。これぞ旦那衆が愛した京都の洋食である。

「みしな」から北へ。祇園下河原にある「富士屋」も又、昔ながらの洋食屋。昭和一桁の開業だという店、ジューシーなハンバーグが安くて旨い。

同じ祇園の富永町。「富士屋」と同じ頃に開業した「たから船」の名物は、フライパンで揚げる海老コロッケ。とろり蕩けるホワイトソースとたっぷり掛かったドミグラスソースが絶妙の相性を見せる。

洋食はしかし、一品の量が多い。あれも食べたいこれも食いたいと、一つに決め兼ねる時は、大いに困る。ショージ君と同じくらいに困り果てる。

ハンバーグ、コロッケ、両方食べたいのを何《いず》れか一品に決めると後で必ず後悔する。止《や》むなく諦めた方を食べる隣席の料理が旨そうに見えて仕方がない。ぐやじぃー、のだ。

そんな恐れのある時は先斗町へと足を運べばいい。四条から少し北へ上がった鴨川沿いにある「開陽亭」。ここの洋食弁当なら、いろいろ入っていて、隣に何が来ようと安心して食べられるからだ。因《ちな》みにこの店の開業は大正四年だそうだ。

京都五花街の中で、上七軒だけがぽつんと離れている。この上七軒が最も古い歴史を持つだけに、やはり、ここにも何軒か洋食屋がある。

上七軒のど真ん中には「萬春《まんはる》」、大宮通りを寺ノ内まで上がると「千疋屋《せんびきや》」、今出川千本には「ビフテキ・スケロク」がある。

「萬春」は夜だけの営業。ちょっと敷居が高いが、後の二軒はお昼にも気楽に利用出来る。北野の天神さんを参った折にでも立ち寄ればいい。

花街以外では、河原町丸太町の「丸太町東洋亭」が旦那衆の御用達。大正六年の創業、祖父の代からの馴染みで、僕も何度か足を運んだ。三階建ての洋館が如何にも歴史を感じさせる。石炭ストーブで作るというビーフシチューが旨い。

長崎に日本初の西洋料理店が出来たのが江戸の末期。その後、函館、横浜と次々と広がっていった洋食だが、京都では花街との関わりから独特のスタイルを築いて来た。

舞妓さんのおちょぼ口でも食べやすいようにと、ひと口サイズのコロッケを出したり、お茶屋へ出前する為に弁当箱に詰め合わせたりと、様々な工夫が為《な》され、それによって洋食が京都人にとって、より親しみやすい料理となったのである。

ナイフ・フォークよりはお箸。パンよりご飯。更にはお茶漬けと、旦那衆が育てた京都の洋食はもうほとんど和食に近い存在になり、京都の町に同化するように溶け込んでいった。

これをして旦那洋食と呼ぶのである。

旦那中華

旦那衆の、もうひとつの好物、それは中華料理である。旦那洋食に倣って旦那中華と呼ぶ。

僕が生まれて初めて行った飲食店は、中国料理の「大三元」である。一歳になるかならないかの頃、この店でオムツを替えて貰いながら焼売《シュウマイ》をむしゃむしゃ食べていた。

勿論そんな記憶がある訳はなく、親から幾度もそう聞かされたのを、何時しか自分の記憶として刷り込んでいったのである。

物心付いてからも、比較的最近まで足繁くこの店には通った。それは遠い記憶の中の店と全く同じ佇《たたず》まいだった。

古い汽車のように背中合わせになったボックスシートには臙脂《えんじ》色のビロードが貼られ、高い天井には大きな扇風機が回っていた。店の奥には小さな坪庭があり、棕櫚《しゅろ》の葉や風変わりな置物が異国情緒を漂わせていた。

焼売、春巻き、酢豚、海老のてんぷら、蟹玉、最後は焼飯と固焼きそば。いつもこんな風だったと思う。見慣れぬ異空間で食べる中国料理は何よりのご馳走だった。

店は大丸百貨店の直ぐ近く、四条富小路を上がったところにあったので、大丸さんへ行った帰りは必ずといっていい程「大三元」で食べて帰った。

今でも大丸の名を聞くと、「大三元」の味を思い出してしまう程だが、先年、大丸さんの帰りに訪ねてみると、一枚の白い貼り紙が閉店を告げていた。営々と築いて来た店と雖《いえど》も、崩れ落ちる時は一瞬である。

何度も読み返す内、無念の想いが胸に迫り、涙が込み上げてきた。白い貼り紙の輪郭を濡れた指でなぞった。

かつての目印となった看板には広東料理とあり、当時京都の中国料理はほとんどがこの広東であったことを窺《うかが》わせる。他には北京料理が何軒かあるくらい、四川料理が出来たのはうんと後のことだったように思う。

河原町三条には「平安楼」と「飛雲」、烏丸三条には「第一楼」だったか。「大三元」と同じような広東料理の店が何軒かあって、どの店も大抵順番待ちをしたように記憶するのだが、「大三元」も「第一楼」も今はない。後の店も場所を移し、或いは業種を変えてしまい、昔日の隆盛が嘘のようである。

旦那衆がこれらの広東料理を食べていたのは専らお昼ご飯か早めの夕食で、夜は北京料理の店に行くことが多かったようである。

と言うのも、北京料理には「桃園亭」「東華菜館」といった大きな店があり、料理もコース主体の豪華なものだったので、接待や会合の機会が多い旦那衆にはこちらの方が向いていたのだ。

こういう店に、ふらっと家族で行くことはほとんどなく、せいぜいが、長寿の祝いに親戚一同が集まる時に利用するくらい。座敷に回転台の付いた朱色の円卓が並べられ、くるくる回すのが子供心に楽しく、台からはみ出した大皿でビール瓶を倒しては叱られたものだった。

それでも、華やかな盛り付けの前菜、最後に出て来る鯉の丸揚げが珍しく、広東料理とは違う豪華さに、北京という町はきっと裕福なのだろうと子供心に想像を膨らませた。旦那衆の贔屓のおかげかどうか、この二店は今も健在で、とりわけ、鴨川に架かる四条大橋の西南畔にある「東華菜館」は、かのヴォーリズが設計したスパニッシュバロックの建物もそのままに北京料理をしっかり守っている。

往時の広東料理を彷彿《ほうふつ》させる店は今も何軒かあって、旦那洋食同様〝花街スタイル〟が当てはまる処も少なくない。

上七軒の「糸仙」は洋食の「萬春」の直ぐ近く。出勤前の舞妓さんが、焼飯を小さな口に運んでいる姿もよく見掛ける。焼売や春巻きも旨い。

祇園なら「竹香」。花街の店らしく大蒜やラードは一切使わないという、限りなく和食に近い広東料理。フカヒレスープが安くて旨い。

祇園で忘れてならないのは「翠雲苑」。料亭をも思わせる立派な座敷で食べる中華はコース仕立てで、最後に出る火鍋「芳香炉」がこの店の名物。これを目当てに通う旦那衆も少なくない。ここなら立派な「ご飯食べ」と言える。

花街はさておき、昔の広東料理店の面影を今も一番色濃く残しているのは「広東餐館《かんとんさんかん》 鳳《ほう》

な場所にある。

繁華街から北へ、加茂街道と紫明通りの交差点近く、比叡山を賀茂川越しに望む風光明媚《めいび》な場所にある。

焼売、春巻き、酢豚、焼飯、何を食べても頗《すこぶ》る旨い。旨い上に安い。

人は慣れ親しんだ味を一番旨いと感じる。よく言われる言葉だが、ここへ来るとそれを心底実感する。香港で食べた「福臨門」であろうが、横浜の中華街であろうが、この「鳳舞」の焼売には敵《かな》わない。結局ここに戻って来るのである。旨いなぁ、と食べる度に呟いてしまうのだ。

昼時は順番待ち覚悟、その上、全くといっていいほど愛想がない。極めて事務的に注文を聞き、荷物を届けるように料理を運んで来るお姐《ねえ》さん達ばかりの店だが、何故か憎めないと思うのは、旨過ぎる料理のせいか。

昼休みがないので遅めの昼食には最適だ。賀茂川散策、北山方面へ出掛ける時には是非。

中国慈姑《くわい》の歯応えが絶妙の焼売、パリッとした皮が旨い春巻きは必須。

旦那衆や綺麗どころには餃子《ギョーザ》はどうも不似合いで、何故か焼売がよく似合う。京都では他の町の中華屋に比べて焼売に人気があるのはそのせいかも知れない。春巻きも京都では一本丸ごと齧《かぶ》り付くタイプより、円筒状を長いまま揚げて八つに切ったものの方が多い。小さな口でも入るようにとの配慮かも知れない。皮も具も他とは違う。真ん中より、皮が重なった端っこが旨い。典型的なのがこの「鳳舞」。故にこの二品は必須なのだ。

最後の締めは焼飯と焼きそば。この間に何品か頼めばいい。不愛想覚悟で行けば、至福の中華が味わえる。

「鳳扇」「鳳飛」「龍舞」と、この店の流れを汲む店も市内のあちこちにある。「鳳」か「舞」が店名にある広東料理屋なら「鳳舞」の片鱗《へんりん》が窺えると思っていい。

繁華街なら迷わず「ハマムラ」へ。関西人には顔文字を使った看板で馴染みが深い。河原町通り三条を下がったところにあって、昔ながらの広東料理を手軽に楽しめる。肉団子や蟹玉なんかがお奨め。勿論焼売と春巻きも忘れずに。

宿屋の晩飯

京都に住んでいて、京都の旅館に泊まるということは普通にはない話だ。では、旅館とは全く縁がないかというと、そんなことはなくて、何かというと旅館を利用するのが京都人である。仕出し屋と同じく、少なくとも一軒や二軒は馴染みの旅館を持っていないと旦那衆は務まらない。

仲間内の忘年会や新年会、息子の見合い、仲人を引き受けた後輩の結納《ゆいのう》の儀、先代の回忌、などなど。様々に旅館を利用する機会は多い。

或いは京都を訪ねてくる知人の宿を頼まれれば、無理を言わねばならない時もある。懇意にしている旅館が必要な所以《ゆえん》だ。

接待の場としても使うことが多いから、接客態度は勿論、設《しつら》え、料理、すべてに安心出来る宿を選ばねばならない。時々は宿屋の晩飯を食べて、その力の程を確かめる。

かつては栄華を誇った旅館も今や見る影もない、そんなところも決して少なくない。安心して奨められる宿は減る一方だ。

筆頭はやはり「俵屋」だろう。僕ごときが云々するまでもなく、京都一、いや、日本一との評価が定着している。

僕も実際に食事をし、泊まりもしてみて、その思いは一層強くなった。聞きしに優る、とはこのことを言うのだろう。何処がどう、というのでなく、すべてにゆったりした時間の流れがまことに心地いいのである。研ぎ澄まされた空気ではないのに隙がない。なるほど不思議の宿である、と納得したものだった。

勿論泊まれば一番いいのだが、夕食だけでも頼めば受けてくれる。部屋が空いてればの話ではあるが。

夏の一夕、「俵屋」の座敷に遊んだ。よく手入れの行き届いた庭の緑を眺めながら、ゆったりした座敷で夕食を楽しむ。

牡丹鱧、保津川の鮎、鱧寿し、華やかな夏のご馳走が次々と、しかし、鰊茄子のような地味な旬もちゃんと間に挟んでくる。黒川料理長の技が光る。

「要庵西富家《かなめあんにしとみや》」。僕の馴染みはこの宿だ。第二の我が家といってもいいほどに、使いこなしている。京都の宿をと知人に頼まれれば、先ずはここに頼んでみる。京都らしい雰囲気で食事をしたい、と頼まれれば、先ずここを紹介する。それほどに信頼を置き、又、宿もそれに必ず応えてくれる。

特に食事に関して言えば、下手な料亭よりは遥かにここの方がいい。すべてが個室であるし、時間も無理が利く。

アクシデントがあって、夜の十時を超えて京都に着いた友人にも、普通通りに懐石料理を出してくれた。デザートが出て来た時には日付が変わっていたと、友人は感動を伝えて来た。

確かな技と、抜きん出たセンスを持つ、喜多料理長の料理は年を追うごとに冴えを見せる。

ワイン好きの主人のおかげで、和食にワインも楽しめる。適当に距離を置いた女将の接客も、つい長居をしてしまうほどに気持ちがいい。

宿屋の晩飯、一度試すときっとやみつきになること、間違いなしである。

京の鰻は関東風

間口が狭く、奥行きの長い京都の家を、その形状から「うなぎの寝床」と呼ぶ。

一説には昔、間口の幅で課税された時があったので、税負担を少なくする為に、こんな造りにしたと言われている。

表向きには間口を狭くすることで質素を装い、その実、外からは見えない奥にはゆったりと空間を取る。表と裏を使い分ける京都人気質が編み出した智恵、とは穿《うが》ち過ぎか。

実際のところは、細長い造りにすることで、風の通りを良くしたのではないだろうか。ビルの谷間に風が吹き抜けると同じ原理。

玄関から入って、そのまま台所の土間が、庭を経て奥の離れまで続く。片側に土間を寄せ、反対側に畳敷きの部屋を繋げる。動線としては優れて使い易かったのであろう。通り庭が続き、家の玄関から裏庭まで風が通り抜ける。

エアコンはおろか、扇風機すらなく、団扇《うちわ》しかなかった頃の京都。茹《う》だるような暑さを過ぎ越すには自然の風だけが頼り。それ故の工夫が生んだ家であろう。

たとえ、代が変わり家は改築されても敷地の形状は変わらない。今も京都のあちこちに「うなぎの寝床」は沢山残っている。

だから、というわけでもないのだろうが、京都人、中でも旦那衆には鰻好きが多い。

鰻はご承知のように、関西風の地焼きと、関東風の蒸し焼きがある。大阪の店はほとんどが関西風だが、何故か京都の店は、その多くが関東風の焼き方をする。これには、ふたつの理由が考えられる。

関東風は鰻を一度蒸してから焼くので脂が抜け落ち、皮も軟らかくなる。東麻布の名店「野田岩」の鰻などは、箸で持ち上げると、ふわりと崩れ落ちるくらいに軟らかく、口に入れると舌の上で、とろりと蕩けるような旨さなのである。そう、江戸焼き鰻は、京都人の好きな、ふわり、と、とろり、なのだ。

但しこれは、店で食べる鰻に限られたこと。京都の町の川魚屋で売られているのは関西風の地焼き鰻。大きめの鰻を腹から開き、そのまま串に刺して焼き、繰り返しタレを付けては焼く。皮はパリッと芳《こう》ばしく、身のほうは脂をたっぷり含んで濃厚な味わい。

京都人はこれを普段のおかずにする。そのままで鰻ご飯、刻んで胡瓜揉みと合わせて鰻ざく。お茶を掛けて鰻茶漬け。玉子でとじて柳川風。おかずとして食べるには関西風が扱いやすく、風味も豊かなのである。

錦市場にある「大国屋《おおくにや》」の人気が高い。京都土産に鰻の蒲焼きも乙なもの。この店には又「ぶぶうなぎ」と称する、山椒《さんしょう》鰻、ぶぶあられ、それに宇治茶までをセットにした鰻茶漬けが売られている。三条縄手の「かね庄」が元祖の「お茶漬け鰻」は、「じゃこ山椒」を凌ぐ京名物になりそうだ。

京都人にとって、地焼きにされた関西風の鰻はいわばケ。そして店で食べる鰻はハレ、そう区別したから全く味わいの異なる江戸焼き鰻の店が繁盛したのだろう。

そして、案外これが一番大きな理由かも知れないが、歯の悪い年寄りの旦那衆には、地焼きの皮は固くて噛み切れなかったのではなかろうか。蕩けるような江戸焼き鰻なら若い舞妓と一緒だったとしても、入れ歯を気にせず安心して食べられるというものだ。

四条南座の直ぐ東にある江戸前鰻の「松乃」。ここの鰻重は鰻だけでなく、ご飯も軟らかめに炊き上げている。それほどに年輩客が多く、更には病気見舞いとして用いられることも多いのだと聞いた。

という。

「松乃」の鰻を食べて元気を取り戻し、退院してから店を再訪する。そんな客も少なくない

生きてて良かった、「松乃」の鰻はそう実感させる力を持っているのだ。

「松乃」は又、洛北岩倉《らくほくいわくら》に「松乃鰻寮《まつのまんりょう》」という支店を出している。陶芸家・上田恒次が設計した民芸建築は重厚な造りで、わざわざに足を運ぶ価値は充分にある。裏の竹林から吹き渡る風がすーっと通り抜ける座敷で、鰻が焼き上がるのを待つ時間の何と優雅なことか。

齢《よわい》五十とは言え、歯だけは丈夫な僕には些《いささ》か軟らか過ぎるご飯も、この店をこよなく愛した祖父への供養と思えば滋味深い味になる。はらはらと崩れ落ちる鰻に思わず「旨いなぁ」と語り掛けてしまった。

ここには白焼きや、鰻会席、鰻鍋などもあり、じっくりと時間を掛けて鰻を楽しめる。ばたばたと鰻丼を掻っ込むのは別の店に任せるべしだ。

その、掻っ込む鰻丼の代表は、新京極にほど近い「かねよ」。店先で鰻を焼く香りに誘われて、ふらりと入って、さっと鰻丼を掻っ込むには最適だ。

一階にもテーブル席があるが、靴を脱いで下足箱に入れ、番号札を持って二階に上がると江戸情緒が味わえる。広い入れ込みの座敷で、かねよ名物の「きんし丼」といきたいところ。

丼一面を覆い尽くす大きな玉子焼きがのった鰻丼だ。出汁の利いた玉子焼きは、やっぱりふわりと旨く、鰻も勿論とろりと蕩ける。

嵐山の「廣川《ひろかわ》」、祇園の「う」など江戸焼き鰻の名店は、まだまだ他にも何軒かあるが、今日《こんにち》只今、京都で、一番旨い鰻重を出すと僕が確信している店は洛中西陣にある。

大宮寺ノ内の「梅乃井」は、僕の中では日本一の鰻重だ。

週末、京都に居る時の昼飯は間違いなくここの鰻重になる。

東京「野田岩」で中入れ丼に舌鼓を打った翌日でさえ、京都へ帰って、この店の鰻重を食べると、あまりの旨さに顔が自然綻《ほころ》んでしまうのだ。

勿論ここでも、慣れ親しんだ味、という法則が生きているのだろうとは思うが、それでもやっぱり、旨いものは旨い。

西陣という場所柄、せっかちな旦那衆を相手に、客の顔を見てから裂いて、などと悠長なことはやってられない。

時間のたっぷりある東京の旦那達を相手にする鰻屋の真似は出来る筈もない。

注文してから十分程で運ばれて来るから、凡《おおよ》その仕込みは済ませてある筈。東京の鰻屋かすれば邪道なのだろう。

梅乃井

それでも蓋を取ると焼き立て鰻の芳ばしい香りが広がり、箸を入れると羽釜《はがま》で炊いたご飯から湯気が上がる。

辛過ぎず甘過ぎず、程よくタレの染みた熱々のご飯と鰻を一緒に口に入れる。ああ、何たる幸せ。何たる贅沢。世の中にこんなに旨いものがあっていいのか。食べ終わるまで、ずーっとそう思い続けている。半分までは箸を置かず一気に食べる。二、三分も掛かるまい。

半分を少し過ぎた辺りで箸を置き、肝吸《きもす》いの蓋を取り、一旦鰻を洗うように出汁を楽しむ。ここの肝吸いが又旨いのだ。生姜の香りが利いて、肝特有の生臭さが全くない。実に上品な味わいである。

さて後半戦。また一気に掻っ込む。名残を惜しんで箸を置くまで十分足らず。二千五百円でお釣りが来る贅沢である。

昼時には旦那衆や西陣の糸偏さん（繊維関係）が次々やってきて、鰻丼を掻っ込み「ご馳走さん」、と勘定もせずに、あっという間に帰っていく。お馴染みさん、ツケ払いなのだろう。

一時間もじっと待って食べる鰻は京都人の性分には合わないのかも知れない。

日本一の牛肉好き

食べて直ぐ横になると牛になる。子供の頃よく、そう言われた。行儀が悪いことの窘めだったのだろうが、結構これを信じていて、昼飯の後、つい、うとうとと午睡《ひるね》してしまった時などは、起きて直ぐに鏡を見に行ったものだ。

そんなことを言われて育ったせいか、或いは北野の天神さんで寝そべった牛を、しょっちゅう撫でていたせいか、牛と言えば満腹、そこから昼寝を連想する変なクセが付いてしまった。

旨い牛肉を腹一杯食べて、ぐっすり眠る、京都の旦那衆の健康法、兼ストレス解消法である。薬食いと称して、獣肉を食べていた頃の名残であろうか。

京都人の牛肉好きは夙《つと》に知られていて、都道府県別牛肉消費量でも京都府は常にトップクラスにある。

古くは「三嶋亭」のすき焼き。今も残る寺町三条の木造三階建ては明治六年の建築だという。

肉食禁止令が実質的に解除されたのが明治五年だというから、いち早く、という言葉が当てはまるだろう。文明開化の波に乗って、牛肉ブームは、あっという間に京都中に広がっていった。新しもの好きの旦那衆がこれを見過ごす筈がない。「ちょっとすき焼きでも……」と「三嶋亭」通いが合言葉になったという。

江戸も末期の頃。京都御所近くの公家に奉公していた或る男が、同じ家の女とわりない仲になった。勿論ご法度《はっと》もの。密会はやがて主人の知るところとなり、二人は手討ち覚悟で思いの丈《たけ》を主人に吐露《とろ》した。じっと聞き入っていた主人は二人に金子《きんす》を渡し、黙ってその場を立ち去った。

思いも掛けぬ主人の粋な計らいに、感涙に咽《むせ》びながら二人は手に手を取って長崎へ逃げた。

やがて明治維新。時代も変わり、二人は再び京都へ戻る。そして長崎で習い覚えた「すき焼き」を売る店を開いた。男の名を三島兼吉といい、屋号を「三嶋亭」と名乗った。島を嶋に変えたのは、かつての主人の名に関わりがあるから、とも伝わっている。

「三嶋亭」のすき焼きは、所謂《いわゆる》関西風とも少し違う。電熱焜炉《こんろ》に掛けた八角形の鉄鍋に、先ず砂糖を入れ、その上に肉を並べ、割り下を掛ける。そうして肉だけを先ず一枚食べるのが「三嶋亭」流すき焼き。

ピンク色に染まった霜降り肉に甘辛い味が染みて、迸《ほとばし》る肉汁の旨さに舌を巻く。代々変わらずこの方法だというから、これは長崎風すき焼きなのだろう。京都の食文化は西から来たものが多いのである。

一般に言う京都風のすき焼きは、鉄鍋に牛脂を敷き、葱を炒め、肉を入れて、砂糖と醤油で味付けをする。割り下は使わない。すき焼きを作るのは必ず男の仕事とされ、それは砂糖と醤油を思い切って沢山入れた方が美味しいからと言われてきた。

すき焼きは外で食べるより家で作るもの、そんな考えが定着していた京都では、家々によって味は微妙に違うが、概ねこのやり方。

旦那衆はしかし、「三嶋亭」で覚えたすき焼きを家で実践し、大いに自慢したのだという。すき焼きは家で出来ても、「しゃぶしゃぶ」は難しい。今のように既製品のタレが売られてない頃は、そう思われていた。うちの家でも例に違わず、専ら祇園「十二段家」でしゃぶしゃぶを食べ、独特の胡麻ダレを分析しようと試みたのだった。

中国、清代の宮廷料理にあった「刷羊肉」という羊肉の火鍋を、戦後中国から復員した軍医が伝えたのが「しゃぶしゃぶ」のはじまりとされ、この「十二段家」が元祖とされている。

ここの主人と僕の祖父が親しかったお蔭で、お伴方々、子供時分から頻繁にこの店に足を運び、しゃぶしゃぶの旨さを覚えてしまった。

僕らが子供の頃、一番の贅沢はこの、すき焼き、しゃぶしゃぶだったが、今ではあまり人気がなく、焼肉やステーキに、牛肉料理における主役の座を明け渡したそうだ。そんな時代の流れは当然のように旦那衆にも伝わっていった。

すき焼きや、しゃぶしゃぶのような薄切り肉でなく、分厚い、噛み応えのある肉に人気が集まって来たのは、そう古い話ではない。大阪万博の頃からだったように記憶する。

戦後間もなく神戸で生まれた鉄板焼き。「みその」を嚆矢《こうし》とすると言われているが、時を経て、じわじわと人気が広がり、各地のホテルに鉄板焼きのコーナーが相次いで出来た。

京都では京都ホテルの「ときわ」が先駆けだったたか、目の前でフランベして焼き上げる派手なパフォーマンスもあって、豪勢な鉄板焼きは「ご飯食べ」としても人気を呼んだ。

祇園でも「ぽうる」「ゆたか」と更なる高級ステーキ店が、泡沫景気に引き摺《ず》られるかのように隆盛を極めた。

やがて、敢《あ》えなく消え行く泡と共に、人気の中心は実質重視の焼肉へと移っていったのである。

とは言え、高級志向の旦那衆は、並みの焼肉屋で満足出来る訳がなく、荒神橋畔の「なり田屋」へ、せっせと通った。

「なり田屋」の肉は頗《すこぶ》る旨い。旨いが高い。だが、ステーキハウスに比べれば安い。そんな微妙なバランスを保ちながら、「なり田屋」の人気は衰えそうで衰えなかった。

もう少し値頃な焼肉屋として人気があるのは「北山」。北山通りと千本通りが交叉《こうさ》する、市内の北外れにある。塩タンからはじめて、ハラミ、カルビ、とタレ焼きを堪能して、冷麺か石焼ビビンバで〆《しめ》る。肉を食べた、という実感は、やはり焼肉が一番だろう。

お腹一杯焼肉を食べてぐっすり寝れば、翌朝すっきり目覚めるか、それとも牛になっているか、それは日頃の行い次第。

苦手だった鶏を好物に変えた店

僕が今住んでいる上京の辺りは、朝が早い。寺が多く、鐘の音は響くし、何より、お年寄りが多いので、早朝から「門掃《かどは》き」の気配が聞こえてくる。

「門掃き」、言葉通り、家の門の前を掃き清めるのである。

が、問題はお隣さんとの境界線。境界ぎりぎりに掃くと水臭い。かと言って、お隣さんの前まで全部掃くと、厭味《いやみ》になる。お隣にちょっと入ったくらい、距離でいうと五十センチほど。これくらいがちょうどいい按配、これが京都流の近所付き合い、怠ると住み辛くなるのだ。

尤《もっと》も忙しさにかまけて、とんと門掃きをご無沙汰している内のような家でも温かく見守っていただいてはいるのだが。

ゴミ出し、犬の散歩、体操と、京都の朝が早いのは、鶏肉をよく食べるからだ、という説がある。

洛北大原の奥山で鶏料理を食べた時、店の主人が「鶏を食べると早起き出来る」と説いていたが、コケコッコーからの連想。これは俗説だろう。他ではそんな話は聞いたこともないし、先人からも聞いた覚えがない。とは言え、全くの出鱈目《でたらめ》とは言い切れないところにこの話の面白さがある。それほどに京都と鶏肉はイメージが重なるのだ。

代表は親子丼。雑誌で京都特集を組む時に、この親子丼は必ずと言っていいほど、題材に上る。そして大抵の雑誌は、その代表選手として、東山の「ひさご」を採り上げる。九条葱、半熟玉子、そして京地鶏。なるほど、そう言われてみれば京都らしい食べ物なのかも知れないなぁ、とグラビア写真をしげしげと眺めてそう思ってしまう。

だが、どうして何時も判で押したように「ひさご」なのか。これは間違いなく編集者の怠慢である。

「ひさご」の親子丼は確かに旨い。かく言う僕も十年前の自著『泊酒喝采』で、この「ひさご」の親子丼の旨さを称えているくらいだから、旨いと言うことに異論はない。だがこれは京都では、ごく普通の親子丼なのである。

これに匹敵する親子丼は幾らもある。そこそこのうどん屋へ行けばこれくらいの親子丼は食べられる。

何時までも代表呼ばわりされる、当の「ひさご」もいい加減うんざりしているのではないだろうかと思うのである。

例えば四条切り通しの「権兵衛」。ここの親子丼は京都一といってもいいだろう。旨過ぎる、とも思う。鶏肉の火の通し加減、出汁の旨さ、葱の質、玉子の半熟さ加減、すべてに完璧である。

或いは洛中「西陣鳥岩楼」の親子丼。ここの鶏の旨さには脱帽せざるを得ない。立派な座敷、一緒に付いて来るスープが一椀の親子丼を一層引き立てる。

祇園富永町の「おかる」、ここは深夜三時まで店を開けていて、飲んだ後には最高に旨いうどんを食べさせてくれる貴重な店だが、ここの「親子丼」も旨い。「ひさご」レベルは軽くクリアしている。

もっと乱暴に言えば、京都の町中で、出汁のいい香りがしているような、そんなうどん屋なら何処に入っても、旨い親子丼にありつける筈である。雑誌の情報を鵜呑《うの》みにして、寒い最中「ひさご」の前に行列を作っている観光客を見る度、気の毒になる。責任の一端を感じて申し訳なく思うのである。雑誌の情報がすべてではない。勿論本書とて同じ。ほんの一例であると心得て読んで頂きたい。

さて鶏料理に話を戻そう。

何故、京都で鶏なのか、それは京都のはんなりしたイメージと、牛や豚に比べて優しい感じのする鶏肉が合致したからだろう。更に言えば、京都の町を少し離れた山の中で鶏を飼う農家も多く、優れた地鶏が入手し易かった、ということも大いに影響している。

売る為、というより、自分達で食べる為に鶏を飼っていた家がかつては多かった。北山に登ろうと市原辺りに入っていくと、あちこちから鶏の鳴き声が聞こえ、若冲《じゃくちゅう》が描く絵そのままに優美な姿を見せていた。

牛や豚に比べて安かったからでもあるのだろう、子供の頃から鶏はよく食べさせられた記憶がある。食べた、と言うよりは食べさせられた、である。

「今日はすき焼き」と聞いて喜んだら、牛ではなくて鶏だった。がっかりした思い出が残っている。

地鶏は身が引き締まっていて固い。噛み締めればその味わいが深いのだが、子供はその固さで先ず逃げてしまう。

今なら良質の鶏は生でも食べるくらいだから、半生くらいで食べればいいものを、当時はとにかく何でもしっかり火を通して食べていたので、ますます身が固くなってしまったのだ。鶏は固くて臭いものだ、となり、夕食に鶏が出ると食べずに抵抗するにまで至ったくらい鶏が苦手になった。そんな話をすると、京都に住む同世代の友人達は、大抵同意の握手を求めてくるので、皆、似たような状況だったに違いない。

鶏の旨さに目覚めたのは、大人になってから、十数年前のことである。たまたま近所に出来た鶏料理屋、「わかどり小林」で鶏肝の刺身を生まれて初めて食べて、あまりの旨さに衝撃を受けたのが、鶏に魅せられたきっかけである。

爾来《じらい》、足繁く通った。刺身は勿論、唐揚げ、つくね、鶏の旨さを改めて知った。多い時は週に二、三度も通っただろうか。あまりに旨いので、或る時両親を招待したら、腰を抜かさんばかりに驚いた。あの鶏嫌いだった息子が鶏料理屋に通っていると。

この「わかどり小林」でも冬になると、鶏鍋が出るが、京都には古くから、「とりの水だき」を売り物にする店が多くある。

祇園縄手の「とり安」。或いは先述の「西陣鳥岩楼」。どちらも滋味溢れる鶏の水だきを堪能出来る。

中で、最も古いのが木屋町四条を南に下がった「鳥彌三《とりやさ》」。天明八年の創業だというから、二百年は優に超える歴史を誇る。料亭をも思わせる立派な造りだ。

開業当初は、すき焼きが主で、店で食べさせるだけでなく、鶏肉を売っていたのだという。この鶏肉を買い求めた坂本竜馬は近江屋ですき焼きを振る舞ったとも伝えられている。

すき焼きから、今のような水だきに変わったのは明治も終わり頃。長崎から博多を経由してその製法が京都に伝わったという。又しても西方から食来《きた》る、だ。

長崎では中華料理の影響もあって鶏肉を使う機会が多く、更には盂蘭盆《うらぼん》、精霊《しょうろう》流しの後、精進落としとして鶏鍋を食べる習わしがあったと言われ、鶏のスープで鶏肉を煮る水だきは、長崎からはじまったとされている。

春の宵。「鳥彌三」の鴨川に面した座敷で、じっくりと差し向かい、鳥の水だきを突つく。先付けに出た「とりわさ」の山葵《わさび》がつんと来たのか涙目がいとおしい。差しつ差されつ、ほろ酔い加減で膝枕。東山の稜線は、ふくよかな相方にも似て、なだらかな曲線を見せて横たわっている。

鶏は早起きだが、鶏鍋は宵寝する。

鳥の水だきは何とも艶っぽい食べ物である。

第六章　京都人の「普段食べ」

学生がめっきり減った京の街

京都は学生の町である。いや、正確には、あった、と過去形で言うべきかも知れない。今も幾つかの大学は市内に留まっては居るが、大学の市外移転の流れは変わらない。同志社、立命館、大きな大学は、そのキャンパスの多くを市外へと移した。きっかけは、やはり泡沫景気だった。とんでもなく高騰した土地。手狭になったキャンパスを広げようにも、買収資金が天文学的数字になる。学生の数は年々減少の一途を辿る。過剰な先行投資は避けねばならない。

そこで、ちょっと市外に目を向けると、格安で広い土地が手に入る。更に言えば、環境もいい。自治体も誘致の手を伸ばし優遇策を用意してくれる。夢のような話だ。アクセスもさほど悪くない。迷うことはない。こうして大学は次々と京都の町を離れていった。

途惑ったのは、学生達の胃袋を満たして来た店の主人達。安くて旨くて、そしてお腹一杯になるもの。一生懸命工夫を重ねて来たメニューが、宙に浮いてしまう。

「もう、なんや、力が抜けてしもうてねぇ。店、やめよか思いましたわ、ほんまの話。新聞見てね、同志社が田辺行くて書いたあったん見てびっくりしましたわ。お父さん、えらいこっちゃぁ、て」

同志社近く、御所の傍で今も定食屋を営むM食堂のオカアサンが当時を思い出す。

「そらね、噂は聞いとりましたで。けど、そない直ぐやとは思てまへんでした。昔はねぇ、プラッチックの桶にタオル入れてねぇ、お風呂屋さんの帰りに、毎晩寄ってくれはった学生さんが、ようけいやはりましたんや。けど、もう来やらへんにゃ。そう思たら、店やる気しませんやん。テレビの野球見ながらどしたけどなぁ、美味しいなぁ、美味しいなぁ、言うて、何遍もご飯お代わりしはったもんですわ」

オトウサンが昔を懐かしむように言葉を引き継ぐ。

大志を抱いていたかどうかは定かでないが、数年間、京都の町に移り住んで、学生生活を謳歌《おうか》しようと思えば先ずは食。京都は物価が高いと聞いて、安くて旨い店の情報を探すのが下宿を決めた後の最初の仕事。

そんな学生達の母親代わりになって、胃袋を満たして来たのは、ラーメン屋、定食屋、うどん屋、何処の街にもある、ありふれた市井の店の主人達である。

京料理のように脚光を浴びることはないけれど、学究の徒を陰で支えてきたのは紛れもなく彼らなのである。

「学生さんは国の宝や。そう思て、一生懸命応援して来たんですわ。日本の為や、て」

そんな自負が彼らの仕事を支えて来た。

京都の町、大学のあるところ、必ず安くて旨い店がある。これは今も変わらない。

学生が去った後も、細々とではあるが、かつての味を守り続けている。

学生達を育てて来た京都の食、京料理とは正反対のように見えて、その実、根は同じなのである。京都ならではのエッセンスが必ず何らかの形で入っている。

学生達の姿がめっきり減った今は、サラリーマンや元気な老人達の胃袋を支えている。かつての旦那衆とて時には定食屋の客となる。

博多の人が毎日博多ラーメンを食べる訳ではないのと同じく、京都人は毎日京料理を食べているのではない。寧《むし》ろ、ありふれた食を楽しんでいるのが京都人の普段の姿。

一見さんお断りもない。予約も要らない。懐もさほど痛まない。観光地や名店では決して見ることのない、普段着の京都。ふらりと店に入ってその姿に触れるのも一興である。

僕の昼めしスケジュール

多くの大学が市外へ移転していく中で、体育館の新設、大規模な校舎の新築と、京都市内残留の意思をはっきり表したのが、「大谷大学」である。

赤レンガのレトロな校舎も巧く取り込んだ、モダンデザインの建築は、しっとりと町並みに溶け込んでいる。京都駅ビルも、こんな風であって欲しかったと思わせる落ち着いた佇まいで、前を通る度嬉しくなる。場所は地下鉄烏丸線北大路駅の真上。僕の仕事場の直ぐ近くなのである。

この辺りは昔、烏丸車庫と呼ばれ、市電の一大ターミナルとして栄えたところで、今も洛北大原や鞍馬《くらま》、貴船《きぶね》への玄関口として賑わっている。ここから五分も東へ歩けば、京都府立大学。更には京都産業大学、京都府立工芸繊維大学へ通うバスの乗り換え口と、あちこちの学生が行き交う街なのである。

商店街を歩く学生達の姿も多く、古くから彼らを育てて来た店も少なくない。学生の数が極端に減った今では勿論学生相手だけの店ではないが、街の縮図としては京都の学生街、その典型と言ってもいい。

平日の大半を僕はこの街で過ごす。週末は京都を離れることがほとんどだが、平日は本業に戻って、この街で仕事をしている。

と、なれば、当然、昼飯の問題が出て来る。

子供が小さい間は、子供と同じ弁当持参だったが、長じてからはすべて外食。これが結構楽しみなのだ。今日のお昼は何にしようか。

とは言え、急患があれば直ぐに戻れるよう、歩いて五分以内の店に限られる。それでも、ちゃんとバラエティ豊かにラインナップ出来るのが、この街のいいところだ。

何処もが特別な店ではないけれど、食べ飽きない味、心安らかにする味。ガイドブックに登場する店だけが格別旨いのではない。グルメ情報とは無縁の店とて、京都スタンダードのレベルは極めて高い、それを改めて実感させてくれる店々である。

［月曜日］

週末の暴飲暴食はいつものこと。週の初めは、胃を休める為にもあっさりと、うどんに決めている。

迷わず「相生餅食堂」へと向かう。冬なら決まって、鍋焼きうどん。

運ばれて来ると、海老天が踊るほどに、ぐつぐつと煮え、見ただけで身体が温まる。先ずは玉子をとろりと崩す。半熟のゆるい黄身に海老天の衣《ころも》とうどんを絡ませて啜《すす》り込む。火傷《やけど》しそうに熱い。熱いが旨い。鍋底に敷いた昆布の旨みがじわりと染み出てくる。

裏技をひとつ。と言っても京都人には普通の話だが、ご飯と一緒に食べるのだ。しっかり出汁が利いているので、うどんがおかずになる。甘辛く煮た椎茸や、かまぼこ、鶏肉、出汁を絡めれば何でもご飯のおかずになる。お腹もいっぱい大満足、となる。

「相生」名物の五目中華も具沢山で頗《すこぶ》る旨い。うどん屋の中華ソバはラーメン屋とは又違う和風のスープが旨い。醤油と塩のバランスが取れているのだ。添えるのは稲荷寿し二個。これが通の食べ方。三個は野暮だ。

夏なら揚げカレーうどん。これも勿論ご飯付き。カレー味の染みた油揚げをご飯にのせて、黄色く染まったご飯をぱくり。もう、堪りません。肉でなく、刻んだお揚げさんを使うのが如何にも京都らしいところ。

はふはふと、うどんを啜り、汗をかきかき全部平らげたら、残った出汁にご飯を投入。カレー丼のはじまりだ。一食で二度美味しい。ショージ君に教えてあげたい絶品うどん。

相生餅食堂

謡曲「高砂」の「相生の松」からその名を取った「相生餅食堂」。市内に十数軒、同じ様な名前の店があり、ここ北大路がその発祥の地である。暖簾分けのような、そうでないような。曖昧なところが又京都なのである。観光地の傍にも何軒かある。後、似たようなスタイルの店で「千成食堂」もある。東京で言うならさしずめ「長寿庵」か。いずれ、縁起を担いだ名前の店。

ガイドブックに頼らずとも、これらの名を見つけて入れば先ず間違いなく美味しい京都のうどんに出会える筈だ。

［火曜日］

毎週「ハンバーグとエビフライ」に決めている。

店は「グリルはせがわ」。賀茂川に架かる北大路橋の畔にある。この辺りの桜並木は実に見事で、春には大勢の花見客で賑わう。中でひと際、人だかりが目立つのがこの「グリルはせがわ」のお弁当売り場。目移りする程、沢山の種類を揃えた洋食弁当。出来立て熱々を持って花見に行こうという算段だ。

新緑の時など、僕もつられて賀茂川堤で弁当を広げることがあるが、行楽気分で気持ちいい。

普段はしかし、店でゆっくり新聞を読みながら食べるのを楽しんでいる。

この店は洋食全般何でもメニューにあるが、とりわけハンバーグが名物。ふんわり軟らかいジューシーなハンバーグを求めて、大阪、神戸辺りから、わざわざ食べに来る客も少なくない。ハンバーグ好きには夙《つと》に知られた店なのだ。

で、僕が何故火曜日かというと、日替わりのサービスランチ、火曜日がハンバーグなのである。七百円也。これに大きなエビフライを一匹付けたAランチ九百五十円也が僕の火曜日の定番ランチなのだ。

百人は入れそうな大きな店だが、さすがに皆、先刻承知、火曜日は昼十二時にもなると満席。京都では珍しく順番待ちの列が出来る。

たっぷりの野菜サラダ、ケチャップ味のスパゲティ、ポテトサラダ、百五十グラムのハンバーグ、タルタルソースの掛かった大きなエビフライ。ライス、味噌汁。待って食べても満足満腹間違いなしの王道を行くAランチである。

植物園、北山通り。祇園や社寺仏閣とは全く違う姿ではあるが、賀茂川の流れに沿って歩けば、東山は最も美しい形を見せてくれ、京都らしい眺めが続く。散策の出発点にちょうどいい店である。

［水曜日］

中華のAランチ。六百八十円也。店は「李白」。

ラーメンから餃子に至るまで何でもありの気楽な中華屋。ではあるが決して侮れないのがその仕事振り。オープンキッチンになっているので、手際の良さを見るにつけ、何時も感心させられるのだ。

勿論すべてが手作り、既製品など一切使わないのだが、Aランチなどは注文してからものの三分程で出来上がる。豪快なフライパン捌きもだが、徹底した仕込みに早さの秘密があるようだ。

千切りキャベツとザーサイ、豚のてんぷら、鶏の甘酢掛け、焼き豚、ふわふわ玉子。スープと丼ご飯。慣れた手付きで、あっと言う間にAランチが出来上がる。

焼飯もラーメンも旨いので、ぎりぎりまで迷うが、結局は、味に変化を求めて、大抵Aランチになる。

カウンターに腰掛けて食べながら、調理の様子を見るのが楽しい。二人のコック、一人は餃子を包み、スープの加減を見る。今一人は、揚げソバ用のソバを揚げ、葱を刻む。絶えず何かしら仕事をしていて、彼らがぼんやり休んでいる姿を僕は見たことがない。夜中の十二時の閉店まで、ずっとこんな仕事振りなのだろうか。謎の店でもある。

［木曜日］
木曜日はオムライス。店は「みなとや食堂」、典型的な町の食堂。うどんからラーメン、定食、カレー、何でもある店だが僕の定番はオムライス。
ふわり、と、とろり好きの京都人にはオムライスファンが多い。僕も勿論例に洩れず、週に一度は食べたくなる。あちこちの店で食べるが、最後はこの「みなとや食堂」のオムライスが一番旨いと思ってしまう。
先ず、ケチャップライスの加減がいい。少し甘め、玉葱と鶏肉の炒め具合もいいが、何といっても決め手はグリンピース。これが入るとうんと風味が出る。オムライスらしくなる。更には玉子。バターをたっぷり溶かしてふわりと仕上げた玉子が蕩ける旨さ。とろりと掛かるケチャップソースも程よい味わい。半分まではそのまま食べて、後はウスターソースを掛けて食べる。前半、洋食屋のオムライスだったのが、ソースを掛けた瞬間、定食屋のオムライスに変身する。この変わり身が「みなとや食堂」オムライスの醍醐味である。

こうして月曜日から木曜日まで、至福の昼飯が過ぎ去っていく。そして、週末が過ぎると、又同じ至福が繰り返される。

北大路、これらの店は、ほんの一例である。例えば京都大学のある東一条辺り、もしくは京都府立医大のある広小路辺り。それぞれにきっと同じような店があるに違いない。同じように鍋焼きうどんがあり、洋食ランチが、中華ランチが、オムライスがあるだろう。

人はそれらを楽しみに朝の仕事をこなし、午後の仕事を成し遂げる。学生達を育てて来た食は、今、京都で働く力を育てているのだ。

今や、昼時に学生達の姿はこれらの店になく、多くはファーストフードやコンビニ弁当に群がっている。安価故のこともあるのだろうが、如何にも寂しい光景だ。特に最近は地べたに平気で座り込んでカップ麺やハンバーガーを貪っている。寂しいを通り越して貧しい眺めだ。

最近ファーストフードに対する言葉としてスローフードという流れが注目されている。イタリアが発祥というには何とも安直な言葉だが、その精神は佳し、京都の市井の店は皆、昔からスローフードを実践して来たのである。次代を担う学生達にこそ、京都のスローフードを食べて貰いたいものだ。

第七章　京料理は動いている　―十二の断想―

行列ラーメン

京都人は行列が嫌いである。というより、並ぶことに慣れていない、もしくは、食べる為に並ぶなど考えられない、のである。

テレビ番組を見ていて、一時間も並んでラーメンを食べるような店が出て来ても、俄《にわ》かには信じ難い。ヤラセではないのかと疑ってしまうのだ。一軒だけではない。そんな店が何軒もあるのだという。東京ではたとえ真冬であろうが、美味しいラーメンを食べる為なら何時間でも待つ客が沢山居るのだ。それが事実だと知った時、京都人は呟く。

「アホちゃうか」

京都で行列の出来る食べものは、極く限られている。祇園の抹茶パフェと、みたらし団子。行列が行列を呼ぶ典型的な心理的効果の店。並んでいるのは大半が他府県人。それを横目に京都人は通り過ぎる。

「ご苦労はんなこっちゃ」

又々例に出して申し訳ないが、近所にあるスーパーの中に、「ビアードパパ」というシュークリーム屋が最近出来た。安くて美味しいので、たまに買うのだけれど、大した話題にもなっていない。ところが、先日渋谷で同じ店に長蛇の列が出来ていたのを見て驚いた。何時ものことです、と、東京人は事も無げに言う。美味しいと聞かされれば、並んででも食べたい、のが東京人の普通の心理だという。

「いらち」の京都人には、そんな「しんきくさい」ことは出来る筈がない。

並んで食べるんかいな……、と京都人はきっと躊躇するのだ、と思っていた筈が最近はどうもそうではないらしい。長い行列の出来るラーメン屋が京都にもあるのだと聞いた。

四条通りの錦小路を東へ。錦市場の手前に行列の絶えない店が最近出来た。看板に「博多一風堂」とある。そして行列をよく見ると、多くは修学旅行生である。

何のことはない。他府県からの出店に他府県の客が並んでいるのだ。たまたまその場所が京都にある、ただそれだけのこと。妙に納得した。

この店ほどではないが、もう一軒、順番待ち必至のラーメン屋があり、その名を「東龍《とんりゅう》」という。開店して一年余り。悔しいけれど、ここでは黙って待つ。それだけの価値が充分にある。代わる味がないのだ。満員だから他の店、と言う訳にいかないのである。

まるで裏漉《うらご》し野菜をたっぷり使ったポタージュのような濃厚なスープに、韮《にら》をどっさり入れて食べるラーメン。初めて食べた衝撃は今も変わらない。

京都のラーメンは概《おおむ》ね、こってり味であることは前に書いた。この「東龍」も例に違わず、あっさりでないことだけは確かだ。だが「天下一品」に代表される、脂ぎったこってり味とも又違う、どこかやさしい味わいなのだ。

今、京都を代表するラーメンといえば、間違いなく、この「東龍」である。「東龍」が登場する前は、京都駅近く、たかばしの「新福菜館《しんぷくさいかん》」「本家第一旭」、この隣り合わせの二軒が最も京都らしいラーメンだったと思う。

朝七時には二軒とも店を開けているので、朝飯代わりに、という手もある。スープの色の濃さを見ればきっと、薄味京都のイメージは吹き飛んでしまうことだろう。皆、人気の店だが、東京のように一時間も並ぶようなことなく美味しいラーメンにあり付けるはずだ。京都に行列は似合わない。

真夜中のイタリアン

京都の店は夜が早い。

夜も十時を過ぎて、まともに食事の出来る店など、皆無に近かった。更に、日付でも変わろうものなら、ラーメンかファミレスに頼るより術《すべ》がなかったのだ。

横並びの京都では、突出は疎《うと》まれる。他の店より遅くまで店を開けていようものなら、

「よー、遅《おそ》まで気張《きば》らはりますなぁ」

と、イヤミを言われる。他と歩調を合わせるように、とのサインが、さり気なく出されるのだ。

それだけに、深夜三時まで営業しているイタリアンがあると教えられた時は、まさしく、天の助けと喝采を送った。

この店を教えてくれたのは「食いしん坊」の辰巳琢郎。歩いていて偶然見つけたのだそうだ。学生時代を京都で過ごしたせいか、辰巳は京都の食が好きだ。好きが嵩《こう》じて京都で屢々《しばしば》晩餐会《ばんさんかい》を開いていて何時も満員の盛況だ。その名も「嬉色満面」。会場はリーガロイヤルホテル京都。京都で最も予約の取り難いレストラン？　である。

祇園、切り通し富永町「ビストロさか」。店があるのは、うどん屋「おかる」の二階。この辺りは、かつての廓《くるわ》街、今の飲み屋街、情緒のある町並みと猥雑な雑居ビルが混在する不思議な通り。

夜も十二時を過ぎ、酔客が家路につきはじめた辺りから、「ビストロさか」は俄然活況を呈しはじめる。ひと仕事終えたオネエサン達、飲み足りないオジサン達が次々階段を上って

くるのだ。そしてみんな仲良くワイングラスを傾けている。

小腹が空いたと、パスタをラーメン代わりに食べてもいいし、晩《おそ》いディナーも充分可能。そんな幅の広さが受けてか、深夜遅くまで大勢の客で賑わう。

七時、八時、早い時間からじっくり食べる時は先ずスプマンテ。ビール代わりに喉を潤し、おまかせアミューズを食べながらメニューを選ぶ。その日のお奨めが黒板に書いてある。

小雪が散らつく如月《きさらぎ》の頃。

北海道は厚岸《あつけし》直送の生牡蠣からはじめる。つるり、つるりと幾らでも入る。同じ牡蠣を使ってもう一品。レタスと生ハムを巻いて焼き上げた新作メニュー。殻に残ったソースが勿体ない。パンを貰って食べ尽くす。牡蠣にはシャブリなんて誰が決めた、牡蠣にはやっぱりスパークリングワインでしょう。そう断言出来るほどに、牡蠣とスプマンテの相性がぴったり。本当はシャンパーニュだったらもっといいのだろうが、それではとても懐が持たない。

パスタも種類が豊富で悩むところ。オマールも蟹もいいけれど、さっぱりと菜の花の和風パスタに決める。春の先取り。

パスタの後の肉料理。特製ハンバーグ辺りから赤に変え、最後はやっぱり牡蠣フライで〆る。大勢で行った時は中華料理さながらにシェアしながら楽しく食べる。一品毎に取り分け用の小皿を持って来てくれ、お箸で食べる軽やかさが祇園の夜にぴったりだ。

午前二時のパスタとキャンティ。真夜中のイタリアンは、何だか昔のマカロニウエスタンに似て、存外、京都の街に似合っている。

町家ご飯

京料理、京のおばんざい、京野菜と続いた「京」シリーズ、最新作は、「京の町家」だ。

よくもまぁ、次から次へと、京都を売るキーワードを探して来るもんだと感心する。山村美紗さんもきっと草葉の陰で苦笑いしていることだろう。

「京の町家でご飯」、実に解りやすい絵柄なので雑誌も直ぐに飛び付く。雑誌を見た客で店は流行《はや》る。町家は流行る。町家は儲かる。こんな連鎖でどんどん町家レストランが増殖している。

都合のいい？　ことに、町家に規定はない。築何年であろうが、どんな間取りだろうが、言ったもん勝ち。中には本物の町家を上手く残し、美しく甦《よみがえ》らせた店もなくはないが、大半は疑問符が付く。

誰も住まなくなって久しい民家。取り壊すにもそれなりの費用が掛かる。かと言って改築して住もうとなると更なる費用が掛かる。そんな民家は京都中に溢れている。これらを再生し、商店として活用するのに何の異論もない。醜悪なペンシルビルに変えてしまうよりは、遙かに賢明な選択である。

が、だからと言って、「京の町家」を、稚拙《ちせつ》な料理や商品を売る為の広告塔にするのも如何なものか。そう思わざるを得ないほどに、質の低い町家店が増えている。

「京野菜と京豆腐をたっぷり作った京のおばんざいを心生くまで味わえる京の町屋（原文ママ、傍点筆者）」。

中京で人気の町家レストランNの看板には思わず苦笑いした。町家の俄か住人は増える一方だ。

洛北下鴨の住宅街にある食事処「雲心月性《うんしんげっせい》」。ここなら町家を名乗るにふさわしい。店を営む吉川姉妹はこの家で生まれ育ち、今も母親が隣の母屋で薬局を続けている。

昔からある土間の台所をそのまま厨房《ちゅうぼう》にして、創作料理を作っている。子供の頃から家で使っていたという古伊万里の食器に盛られる料理は工夫があって楽しい。奥の座敷から坪庭を挟んで廊下伝いに行く洗面所は、かつて京都の家、何処にでもあったと同じ造りで懐かしい。裸電球が作り出す影が目に美しく、土と木の感触が心を安らげる。

すべてこの店には思いが込められている。京都で暮らすことの苦楽が描き出されている。住まうと商うが同じだからこそ、町家の息遣いが聞こえてくるのだ。テナントという呼び名の町家には決して聞こえて来ない息遣い。

吉田家、杉本家、江戸期の京商家。これら本物の町家の、息を呑むような美しき佇まいに、たとえ一度でも触れたなら、きっと町家レストランなどと名乗れなかったに違いない。そんな店が多過ぎる。

町家とは、それほどに精魂を込めて作り、そして守り続けて来たものなのだ。

町家は過去の遺物ではなく、今も生き続けている。その町家の心を痛めるような商いだけは避けて欲しい、切にそう願うのである。

玉子とじの愉悦

ふわとろ好きの京都人にとって、玉子は重要な食材である。オムライス、親子丼、すべて玉子の力で、ふわり、とろり、と仕上がる。

茹《ゆ》で玉子もしかり。世に知られた「瓢亭《ひょうてい》玉子」が象徴するように、黄身は半熟でなければならず、固茹で玉子は苦手なのである。そのせいかどうか、東京でよく見掛ける、ラーメンの具の煮玉子も京都では人気がない。僕はこのラーメンに入っている煮玉子が大好きなので、何処か瓢亭玉子でやってくれないか、と密かに期待している。

玉子を簡単に、ふわとろにするには、玉子とじが一番である。故に家庭でも、店でも、玉子とじは至極ポピュラーな献立である。

居酒屋の初夏を告げるメニューは「えんどう豆の玉子とじ」。豆の青臭さを消し、生姜の香りとも相俟《あいま》ってビールにぴったり。これが割烹になると、豆が鯛の子に変わる。鯛の子のしっとり感が玉子のとろみで、まろやかな旨みに変わる。

そして、玉子とじメニューが溢れているのがうどん屋だ。年中、何でも玉子でとじている。

一番シンプルなのは、玉子とじうどん。

油揚げを玉子でとじると衣笠うどん。鶏肉なら親子とじ、牛肉なら他人とじ、しっぽくをとじるとかやくとじ、天麩羅《てんぷら》をとじると天とじ、となるわけだ。これは大抵何処のうどん屋にもある普通のメニューだ。蕎麦代にも替えられるが、何故か玉子とじは、うどんがよく合う。玉子でとじたやさしい味が蕎麦には絡みにくいのだ。

そしてこれらは、すべて丼にもなる。

玉子丼、衣笠丼、親子丼、他人丼、かやくとじは名前が変わって木の葉丼、そして天とじ丼。一番の狙い目はこの、天とじ丼だ。

はっきり言って、旨い天麩羅屋は京都にない。辛うじて合格ラインに達する店がなくもないが、東京とはかなりのレベル差がある。

特に天丼になると、その差は歴然。白っぽいコロモに、甘ったるいタレがぞろりと掛かり、コロモがへにゃり。ちょっと勝ち目がない。ところがこれを、玉子でとじると、あら不思議。東京には絶対負けない天とじ丼が出来上がる。

とは言っても、勿論元の天麩羅が美味しくなければ、幾ら玉子でとじても奇跡は起こらない。

近所の「みなとや食堂」でも、結構な天とじ丼が食べられるが、ちょっと足を延ばすと絶品の天とじ丼に出会える。

高野川沿いに高野橋を北へ上り、曼殊院《まんしゅいん》道を東へ。赤い大きな提灯が目印。

「通し揚げそば鶴」の天麩羅は、並みの天麩羅屋よりずっと旨い。蕎麦のレベルもかなり高いので、天ざるなんかも絶品だが、天とじ丼、どうしてもこれを食べたい。小振りの車海老をかりりと揚げ、甘辛い玉子でとじる。小振りの丼なので、ざるを一枚追加すると、ちょうどいい按配。

室町中期の創業という、老舗中の老舗「本家尾張屋」の蕎麦はほっこりと旨い。蕎麦も旨いが天麩羅も負けずに旨い。だから多くの客は名物「宝来そば」か天麩羅蕎麦を食べている。

或る時ここで天麩羅蕎麦を食べていて、ふと、この天麩羅で天とじ丼をしたら、さぞや旨いだろうなと思った。

だが相手は五百三十年を超える老舗。当主は十四代だか十五代だか、その名も稲岡傳左衛門である。邪道とも思える注文をするには、かなりの勇気が要る。

「無礼者、この店を何と心得る」

と言われたらどうしよう。そう思いながら恐る恐る聞いてみた。

「あのー、天とじ丼なんてないですよねぇ」

「はい。メニューにはありませんけど、ご用意させて頂きます」

意外や意外。すんなりと通った。

これで晴れて、天とじ丼も市民権を得たぞ、と喜んだ。あの「尾張屋」でさえ作ってくれるのだから。

所謂裏メニュー。千二百五十円前後。メニューには載ってないが注文すれば気持ち良く作ってくれる。京都の老舗は懐が深いのである。

この天とじ丼、どんな味なのか、これは是非ご自分の舌でお試しあれ。五百三十年を超える歴史の凄みがここにある。ひと口食べると、陶然となり、悦びの表情を浮かべるだろうことは間違いない。玉子とじの愉悦はここに極まれり。

鯖街道の贈り物

京都は海から遠い。故に様々な食文化が発達した。よく言われるところである。新鮮な魚が手に入らないからこそ、料理に創意工夫が生まれ、今日の京料理の礎《いしずえ》を築いたと。その原動力となったのは、鯖街道。若狭小浜から京都へ海産物を運んだ道筋である。だが、鯖街道を通って一番最初に運ばれたのが「水」であることは存外知られていない。

毎年三月二日、若狭小浜の神宮寺では「お水送り」の神事が行われ、これを受けて、奈良東大寺二月堂では三月一二日、修二会「お水取り」が行われる。若狭から十日掛かって送られたお香水が奈良で受け取られるのである。

お水を送る小浜の「鵜の瀬」からお水を汲む「若狭井」に至る暗渠《あんきょ》の道が元祖鯖街道と言えるだろう。

お水は京都を素通りして奈良まで行ったが、鯖は京都で止まった。奈良には鯖は届かず、故に、失礼ながら奈良には今も旨いものが少ない。

小浜の浜には大量の鯖が揚がり、これを都まで運ぼうとしたが、何しろ険しい峠道。ほとんどが道半ばにして捨てられた。そこで考えられたのが、ひと塩当てて保存する法である。

これは日持ちをよくするだけでなく、鯖の旨みを存分に引き出すという効果も生んだ。結果、京都ならではの鯖寿司が誕生したのである。

小浜から京都まで、七十二キロの道程は決して平坦なものではなく、険しい峠の連続だった。クール便で、あっという間に運ばれるのとは大違い。命懸けで鯖を運んだのだという。

鯖寿司の出番は春と秋の祭礼。老舗「いづう」は大忙し。一本四千二百円の鯖寿司が飛ぶように売れる。鯖街道の途中、花折峠に店を構える「花折」も市内に出した販売所で鯖寿司を積み上げる。いずれもしかし大きな棒寿司。食べ切れずに残った時は網にのせて焼いて食べると旨い。

それでも多過ぎると嘆く、ひとり暮しのお年寄りには、烏丸今宮角の「つまみ寿し」の小袖が人気。食べ切りサイズでちょうど千円。

塩鯖ならではの味ののり。

まさに鯖街道がくれた贈り物である。

お詫びと訂正

『京料理の迷宮』の本文中に誤りがありました。左記のように訂正して、お詫びいたします。

186ページ12行目

そのせいなのか、京都人は意外に餃子好きである。

←

そのせいなのか、京都人は意外に餃子好きである。

187ページ7行目

三条大橋近くの「　　」は昔ながらの三日月型餃子で、

←

三条大橋近くの「珉珉」は昔ながらの三日月型餃子で、

昼下がりのオアシス

週休二日制が定着したせいか、はたまた、失業者が増えたせいなのか、土曜日の昼下がり、蕎麦屋や定食屋で一杯飲《や》ってる男性の姿が近頃やたら目に付くようになった。

昼酒は旨い。昼間っから酒を飲んで……、という、ちょっとした後ろめたさが昼酒の魅力を輝かせている。

だから皆が休んでいる日曜日だと、昼酒の魅力は半減する。更に言えば、日曜日の昼間に男一人で店に居るということは家族から見離されている証左にもなる。侘しく映る。

かと言って、月曜、火曜は得体が知れない。まともに仕事をしてないのでは、と見られる。散髪屋さんは気の毒だ。

そこへ行くと、金曜、土曜の昼酒は粋だ。ひと仕事終えて、という雰囲気が感じられる。ちょっと遊び人っぽい余裕《ゆとり》が見える。

以上、酒呑みの自己弁護終わり。

蕎麦屋もいいが、京都には、こんな時にぴったりの店がある。新京極通り四条を上ったところにある「スタンド」だ。

スタンド

昭和の初期に、東京浅草から移り住んだ先代がはじめた店。そう言えば、何処となく東京の下町にありそうな粋な空気がこの店には流れている。すべてを包み込んでくれそうな優しい空気。

夏真っ盛り、土曜日の昼下がり。店は既に満員に近い。

入って左側に円卓が幾つか並び、右手には細長いカウンターのようなテーブルが奥まで続いている。客はここで向かい合って飲むのだ。迷わず右手、長テーブルの奥に腰掛ける。

先ずは中ジョッキセット。枝豆、冷奴《ひややっこ》、トンカツ、焼売。中生ジョッキに、これだけのアテが付いて来る。汗が引く間もなく、ジョッキのお代わり。鯖のキズシ、牛スジの煮込みを追加。ビールをワインに替える。産地も銘柄も解らない。赤か白か。赤が旨い。デコっぽい安グラスがよく似合う。飲み易くていけない。あっという間に二杯、三杯。昼酒の回りは早い。

斜め向かいで飲んでいる老人が話し掛けてきた。写真を見せての孫自慢だ。サッカー少年は必ず次回のワールドカップに出るからしっかり目に焼き付けよ、と爺バカである。

右隣の爺さんは、大河ドラマの再放送に向かって文句を付けながらの一人酒。向かいのテーブルでは修学旅行生の一団が、焼飯、ラーメン、カツカレーと、汗を拭《ぬぐ》いながら、旨そうに食べている。それぞれの昼下がり。思い思いの安らぎを求めてこの店にやって来る。

これで最後と、四杯目のワインをお代わりして、ラーメンを頼んだ。

数字に赤鉛筆で印を付けた独特の伝票を持ってレジへ。田中さんのオバアチャンが算盤《そろばん》弾いてご名算。にっこり笑って

田中さんのオバアチャン

またお越し。

古き良き昭和を残した「スタンド」は京都の町に掛け替えのない、昼下がりのオアシスである。

花街フレンチ

滅多に京都でフレンチを食べない僕にはきっと、京都のフレンチを語る資格はないだろうと思う。

決して嫌いではないのだけれど、京都に居るとやっぱり日本料理を食べてしまう。一応は名だたるフレンチも食べてはみたが、通い詰めようとは思わない。

フレンチは本来、少しはドレスアップして、食事する時間そのものを贅沢に楽しむものだと思うのだが、先ずその空気を味わえる店に出会えない。心浮き立つような仕掛けで楽しませてくれないのだ。

かと言って、気軽に楽しめる店も滅多にない。

フレンチはやっぱり東京でしか楽しめないものか、と半ば諦めていたところに、小さなフレンチの店が出来ると報《しら》せが届いた。場所は宮川町の歌舞練場の直ぐ近く、鴨川沿いにある。

店の名は「スポンタネ」。

案内状を見て最初に驚かされたのは、その価格。ランチは千三百円からだという。先ずはランチで小手調べ、と早速出掛け、千八百円也のランチを食べて大満足。爾来《じらい》、京都のフレンチもあながち捨てたもんじゃないと、会う人ごとにお奨めしているが、概ね好評を頂いている。

鴨川に面した窓側の席が特にお奨め。鴨川の緑を愛《め》でながら、軽やかなフレンチに酔う。今までありそうでなかった光景だ。

モエが出しているカヴァ「エクリプス」を飲みながら亀岡地鶏のソテーをじわり噛み締める。シェフが自宅で作っているという野菜も美味しい。厨房の中に居るようなカウンター席も面白そうだ。宮川町の綺麗どころも時折顔を見せる。花街フレンチは華やかで美味しい上に安いのが何とも嬉しい。

哲学する蕎麦屋

長い間京都は、蕎麦不毛の地だった。十年前の拙著でも、京都にはまともな蕎麦はないと断じ、茶蕎麦自慢でお茶を濁したくらいである。

うどん屋で出す蕎麦も、それはそれで旨いし、老舗の蕎麦屋も悪くはないのだが、手打ちの九割、十割とは全く異なる、別な食べ物なのである。

ここ数年、全国的な蕎麦ブームもあってか、京都でも本格的な蕎麦屋が相次いで誕生した。嚆矢《こうし》は北山の「じん六」だったか。温かい蕎麦がない店は、中々京都人の理解を得られず、暫くは閑散としていたが、やがて同様の店が増えて来るに連れ、肩の力も抜け、評価も安定し、京都の蕎麦界魁《さきがけ》としての役割を果たして今日に至っている。

その後、同じ北山に「もうやん」や「なからぎ」が、一乗寺に「塩釜」が、と本格蕎麦屋が相次いで店を開いた。中々京都の蕎麦屋も楽しくなって来た、そう思っている内に、雨後の筍のように、あちこちで本格を謳う蕎麦屋が出来てきた。

と、当然のように、蕎麦通の談義が喧《やかま》しくなって来る。やれ石臼がどう、粉がどう、繋ぎがどう……。いつの間にか蕎麦が、えらく大層な食べ物になってしまった。蕎麦屋にヘンな哲学を持ち込んではいけない。たかが蕎麦なのだから。

長く待たせた上に、虫の涌くような僅かな蕎麦を笊《ざる》にのせて出して来る。肝心の蕎麦はと言えば、所詮脱サラ素人。町家やバンダナで誤魔化すことは出来ないのだ。自己満足の域を越えない蕎麦。

にも拘らず、ご託宣《たくせん》だけは立派なもの。水で食べろ、塩が一番だ、と気難しい顔で語る。又、これを有り難がって食べる客が居るのもおかしな風潮だ。

「ご主人の心の籠もったお蕎麦を食べさせて頂いた。ひたすら蕎麦道に邁進《まいしん》するご主人の姿に頭の下がる思いがする……」

或る雑誌に載った蕎麦屋Oの紹介記事である。客が何故、蕎麦屋の主人にひれ伏すのかが解らない。

哲学しない、程の良い蕎麦屋、京都の代表は「なからぎ」か。主張し過ぎない蕎麦がいい。煩《わずらわ》しくないのだ。

辛み大根を使った「おろし蕎麦」や、揚げ立て天麩羅がのった「てんぷら蕎麦」が特に旨い。

もう一軒。烏丸通り鞍馬口下がるに最近出来た「杣屋《そまや》」の蕎麦が秀逸だ。北海道幌加内の蕎麦粉を使い、丁寧に打っている。「ざる蕎麦」も旨いが、じっくり炊き上げただろう「にしん蕎麦」がとりわけ美味しい。哲学無縁の蕎麦が小気味いい。

60'S居酒屋

居酒屋は酒に重きを置くべきか、それとも肴か。僕は間違いなく後者。酒にばかり重きを置いた酒席は疲れる。山田錦を極限まで削り、厳選した酵母《こうぼ》を使えば、それは確かに旨い酒が出来る。だが、居酒屋では、そんなことを忘れて飲みたいのだ。頭で飲む酒は辛い。酒はまぁ、飲めればそれでいい。その代わり飛び切り旨い肴が食える、そんな居酒屋の方が圧倒的にいい。逆は困る。

酒処伏見を控えているせいか、京都には昔から銘酒居酒屋が少なくなかった。これぞと店主が惚れ込んだ酒を商う店。ずばり酒名を店の名にした店が、かつてはあちこちにあったが、最近ではほとんど見掛けない。地酒ブームに駆逐されたのであろうか。

近頃は専ら、若い人向けの店ばかりが増えている。曰くダイニングバー、曰く創作居酒屋。どちらもオジサンには辛いものがある。「鯛の昆布〆和風カルパッチョ」だの「鳥のフランス風南蛮漬け」なんて、口にするのも恥ずかしい。フュージョン和食、モード和食、何をか況《いわん》や。

とは言え、縄のれん、コップ酒、立ち飲み、演歌、というのも、もう少し先でいいように思う。仕事をリタイアしてからでも充分間に合うのではないか。今からこんな店に入り浸ってしまうと、人生投げそうな気がするのだ。

そこで僕のお気に入り居酒屋は北白川の「はせ燦《さん》」。狭い店だが旨い魚がずらりと揃う、食べる居酒屋。格別オシャレな店ではないけれどBGMは大抵ビートルズ。

親子三人ですべてを賄《まかな》う店。カウンターの上に鉢や皿に入ったおかずが並び、寿司屋にも似たネタケースに魚が犇《ひし》めいている。更には日替わりの献立が二枚の経木《きょうぎ》にびっしり書いてある。目移り必至である。

例えば冬なら蟹、河豚、牡蠣、と旨いものは何でも揃う。その上頗《すこぶ》る付きの安さ。最後のミニラーメンがこれまた泣かせる旨さ。一軒完結主義の居酒屋は六〇年代の匂いがする。

もう一軒。府立大学前の「山家《やまが》」。ここは「はせ燦」よりは、うんとバーに近く、その分若い客も多い。隣の鶏肉屋が実家なので、新鮮な鶏の刺身が旨い。もち米焼売や、バクダンおにぎりなどの名物もあって、肉から魚まで肴は豊富。ここも同じ60'Sだが、ビートルズよりはジェームス・ディーンの世界。モノクロ写真が似合う店。

今、京都で僕の心を安らげてくれるのはこんな60'S居酒屋だ。

カフェ今昔

カフェがブームだそうだ。夜カフェなんてのもあるらしい。だが京都では改めてカフェなどと言わなくても、そんな空気の店は昔からあった。

三条堺町の「イノダコーヒ」は余りにも有名。京都の朝はイノダから、そんな旦那衆もよく見掛ける。朝の光がたっぷり入る庭に面した椅子に腰掛け、新聞を広げて、最初からミルクの入ったコーヒを飲む。コーヒである。コーヒーではないところが京都らしい。カフィに近いのだ。

よく糊の利いた白衣をきちんと着こなしたボーイさんが、きびきびと気持ちいい。目が合うと、さっと、グラスの水を足しに来てくれる。

旦那衆がイノダなら、学生達は「進々堂」。

京大の直ぐ近くにあって、スノビッシュな空気が漂う店である。どっしりした大テーブルは黒田辰秋の作。木工芸界の第一人者、人間国宝の作だとは知らず、コーヒーを飲み、本を読む学生達の姿がナチュラルでいい。

カレーパンセットの楽しさに、昭和五年の創業を感じる。午後のけだるさも捨て難い店だ。

今風のカフェなれど、何処かに昭和を感じさせるのが北白川にある「カフェ猫町」。

萩原朔太郎の世界。ありふれた日常が劇的に変化する、そんな気にさせてしまうインテリアが素敵だ。密《ひそ》やかな喧騒、まさにその通りの店である。料理も中々のもの。シチューハンバーグ、オムライスなどの懐かし洋食が美味しい。ノスタルジックな洋館で、ワインと洋食も楽しいものだ。

紅茶の美味しい店だからカフェとは呼ばないか。鹿ヶ谷通りの「アッサム」は、紅茶の美味しい喫茶店、だ。

ポットでサーヴィスされる紅茶、中国茶、お茶の楽しさを再認識させてくれる。店主が作るケーキも美味しい。僕は滅多に甘いものを口にしないのだが、この店の「クリーム・ブリュレ」は大好物、行けば必ず食べる。

丹精込めて育てているだろう花が陽ざしを存分に浴びて美しい。

花の美しいカフェをもう一軒。木屋町三条の「カフェ・リドル」。

華道、フラワーアレンジメント、そんな型に嵌《はま》ったものでなく、素直な感性で活けられた花を見たい時、僕はこの店を訪ねる。勿論香り高いコーヒーも魅力的なのだが。

カフェオレが美味しい。まるでショットバーのような落ち着いたカウンターに腰掛けて、シャープに活けられた花の小品を楽しむ。

奥のテーブルに、たっぷり活けられた花に圧倒されて木屋町通りに目を落とすと、高瀬川の小さな流れがさらさら光る。

古きも新しきも、京都のカフェには、それぞれに固有の空気が漂い、美しい情景を見せてくれる。

焼き餃子の逆襲

旦那衆や綺麗どころには餃子より焼売が似合う。先に書いた通りである。だが京都にも勿論美味しい餃子の店はある。

広東料理もそうだが、戦後、大陸から引き揚げて来て、京都で店を開いた人は多い。僕が子供の頃は、餃子屋があちこちにあって、テレビのプロレス中継を見ながら、大きな鉄鍋で焼き上げられた餃子を汗だくで頬張った思い出がある。

そのせいなのか、京都人は意外に餃子好きである。総務庁の調査で、一世帯当たりの年間餃子支出額（どうやって調べたのだろう?）、京都市は常勝宇都宮市に次いで堂々二位に輝いたことがあるくらいだ。

餃子といえば焼き餃子。日本ではこれが普通だったのが、本場中国では水餃子が本物だと言われはじめ、急激に焼き餃子の肩身が狭くなった。

日本人は昔から本場に弱い。本場では、と言われると直ぐに屈服してしまう。

かくして、水餃子は堂々と日本餃子界の主役に抜擢《ばってき》された。

ところが京都では若干事情が異なる。そう、焼売があるのだ。同じむっちり系なら馴染みの深い焼売がある。餃子はやっぱり、あのパリッとした皮でなければ、と、相変わらず焼き餃子の人気は根強い。

三条大橋近くの「　　」は昔ながらの三日月型餃子で、懐かしい味を守り続けている。

唐橋の「ミスターギョーザ」の人気は鰻上り、全国区になるのもそう遠くないだろう。パリッと旨い餃子を、味噌と酢醤油、二種類のタレで食べ分ける。胡瓜の漬物を合いの手にビールが進む。五人前はいつものことだ。

既に全国区的人気なのは祇園の「泉門天」。京都ひと口餃子の草分けである。飲んだ後、手ぶらで帰る勇気のないオトウサンの強い味方で一躍有名になった。

中華の店で餃子が旨いのは上賀茂の「ワンワン」。ここは餃子だけでなく、酢豚、葱そば、焼飯、何を食べても安くて旨いのだが、餃子は格別人気が高い。

ここの餃子は独特の皮でむっちり系。どちらかと言えば水餃子を焼いたような感じだが、焼き目はパリッと芳《こう》ばしい。酢醤油、辛めの胡麻だれ、どちらも旨いので交互に付けると幾らでも入る。

餃子はやっぱり焼き餃子。京都から焼き餃子の逆襲がはじまった。

食後の煎り番茶

京都の食、誰もが思い描く皮相的な捉え方をされることが少なくないが、当然ながら様々な光景が、あちこちで繰り広げられているのだ。京料理とは同じ迷宮にありながら、ほとんど知られることのないだろう京都を覗いてみた。

ラーメンにはじまって、餃子まで、些か胸焼けされた向きもあるかも知れない。あと口をさっぱりさせる食後の番茶は如何だろう。

寺町通り二条を少し上がったところにある茶舗「一保堂《いっぽどう》」は広く知られた店である。

近江彦根から出て来た祖が享保時代にはじめた店は、当初「近江屋」と名乗り乾物を広く商っていたが、その後、茶一つを保つ、という意を込めて「一保堂」と屋号を改めた。

従って今は、宇治茶を専門に商う茶舗である。

上林、小山園、他にも美味しい宇治茶の店が京都には何軒かあるのだが、僕は概ね「一保堂」と決めている。それはお茶の美味しさも勿論だが、何より店のありようが、好きなのである。

寺町通りに面した店は、いつも大勢の買い物客で賑わっている。暖簾を潜り、ガラス戸を開けると、注文を済ませて商品を待っている客、何を買えばいいのか迷っている客、注文をしようと店員を待っている客が、入り交じって店頭を埋めている。ショーケースを挟んで奥で働く店員達が、それらの客を実に上手く捌いていく。

取り立てて順番を待つ法則はないのだが、自然と客が順序良く流れていく。従って混雑の割には殺気や苛立ちが全くない。我先にと争う客も居らず、私が先だ、と声を荒らげる客も居ない。

これは稀有《けう》なことである。様々な窓口、ＡＴＭ、列車を待つホーム、順番を待つルールを定めないと秩序を保てないのが昨今の日本である。

「一保堂」の店先は如何にも京都の老舗らしい気配りから生まれる落ち着きに満ちていて、その情景はいつも美しい。

待つこと暫し。

一人の店員の目が僕に語り掛ける「お待たせしました」。

掌で招く「こちらへどうぞ」。

注文を済ませ、包装を待つ僅かの間に、すっとお茶が出て来る。お茶を召《よ》ばれ、商品を受け取って店を出る。晴れやかな気持ちでサドルに跨《また》がる。又、次もここで買おう。

自転車のカゴに入れたのは「煎り番茶」、「一保堂」で一番安いお茶である。大きな袋で六百円。これを沸かして食後に飲むのが何よりの楽しみ。

「よねむら」でも「なかひがし」でも食後には必ずこのお茶が出て来る。

燻《いぶ》した香りは慣れないと臭みを感じるようだが、慣れればこの芳ばしさに夢中になる。

葉巻にも似て、しかし、畦道《あぜみち》の焚き火の後に最も近い香りで、ほっこりと京都の食事を終える。

第八章　今、誰の何を食べるべきか　―その二―

ミシュランに倣うなら、お箸が三組並ぶだろうか。この料理を食べる為だけに旅をしてもいい、そう断言出来る料理人達。京都を代表する三人を挙げてみた。

「京料理」という迷宮に入り込んで、彷徨《さまよ》い、縷々《るる》曲がりくねった道筋を辿って来たものの、未だ出口は見つからない。が、朧気《おぼろげ》に、それらしき影は見えてきた。それを確かめるのが、この終章である。エピローグと言ってもいい。出口がないからこその迷宮なのか、それとも……。

歳は違えど、今まさに旬を迎え、脂の乗った料理人達。それぞれが際立った特徴を見せながら、誰もが自らの料理を「京料理」とは決して呼ばない。僕もこれらを「京料理」だとは断じて思わない。だが、これほどに、くっきりと京都を浮かび上がらせる料理は他にないのも又事実である。それが証拠に、彼ら三人の店はほとんど予約が取れないほどに、京都へやって来る人達の支持を得ている。

今、彼らの料理を食べること、それは即ち、今の京都を食べることなのである。

佐々木浩「祇園　さゝ木」

料理だけを取り出してみれば、佐々木浩のそれは、京都から一番遠いところにあるように見える。だが店の中で佐々木が醸し出す空気は、最も京都らしい香りがする。畢竟《ひっきょう》、料理屋とはそういうものなのであろう。

祇園花見小路、ぎっしりと飲み屋が連なる華やかな道を少し入って、更に路地を曲がる。「祇園　さゝ木」の暖簾が揺れている。奥に細長い路地が延び、店へと誘う。

佐々木がこの地に店を構えてから、まだ一年になるかならないか。にも拘わらず「さゝ木」の十席のカウンターは連日満席が続く。

勿論たった一年だけで、これだけの人気を得たのではない。この店の直ぐ近く、更に入り組んだ路地の奥で、ここに移る五年前から同じ名前の店を佐々木は営んでいたのである。

四年前のこと。さんざ道に迷ってようやく暖簾に辿り着くと、今の店より、うんと細い路地の両側に小さな灯りが幾つも連なり、それに誘われるように店に入った。

「ようこそ」と主人が迎えてくれたものの、通路に造られたような狭いカウンターに暫くは途惑った。

五席、とは言っても、大人五人も座れば、隣と肩が触れ合うような、そんなカウンターで出される料理はしかし、期待を遥かに超え、店の狭さを忘れさせるほどの素晴らしさだった。野分《のわき》が去って、爽やかな秋風が吹く頃だったと思う。夏から秋への移り変わりを見事に表現した料理に酔った。

軽く炙《あぶ》って酒蒸しにした鱧の酢の物からはじまって、〆の松茸ご飯まで、これまでの京都にはなかったダイナミズムの連続が衝撃的ですらあった。

前菜の後に出された刺身がとりわけ印象に残った。大きな俎板《まないた》皿に、たっぷり二人分の造りが盛り込んである。

鮃《ひらめ》の薄造り、鮑《あわび》の削ぎ切り、ここまでは普通なのだが、ここからが驚きの造り。炙り秋刀《さん》魚《ま》とカマトロは握り鮨にしてあるのだ。

もとより鮨は大好物。思わず頬が緩んだ。

カマトロにはたっぷりの山葵《わさび》をのせ、秋刀魚には酢橘《すだち》を搾って舌にのせる。うーむ。思わ

祇園　さゝ木

ず唸ってしまう美味しさだ。

　走りの水菜とお揚げを炊いた「はりはり鍋」は炊き合わせの代わりだという。一見したところ、おばんざいと同じだが、全く出汁《だし》が違う。これは一体何の……、と聞こうとすると佐々木は何時《いつ》の間にか奥の厨房へ。カウンターの中の板場は狭く、料理の多くは、奥の厨房で拵えざるを得ないのだろう。

　もう少し広い店なら、彼の腕が更に冴え渡るだろうに、と惜しんだ。

　当人は勿論、先刻承知だったに違いない。ようやく昨年、念願叶《かな》って広い新店への移転となった次第。

　席数も倍以上に増え、調理スペースも

前に比べて格段に広くなった新しい店。佐々木は、カウンターの目の前で、伸び伸びと包丁を楽しんでいる。

店を移して、一番の変化は、お昼ご飯をはじめたことである。しかもお昼だけの別メニュー。以前の店では、二日前までに四人以上で予約した場合に限ってお昼を出していた。有体《ありてい》に言えば、あまりやりたくない、との意思表示と僕は捉えていた。

カウンターだけの営業、五千円のおまかせのみ。昼の料理は若い衆の仕事が中心になる。佐々木は専ら監修兼監視役。野球で言うなら監督のようなもの。四十歳になった佐々木は、若い衆を育てる仕事にも目覚めはじめた。

「自分でやった方がよっぽど楽ですわ」

そう笑いながらも、厳しい視線が若い衆が持つ菜箸の先に注がれる。

お昼の目玉はデザート。

お昼はほとんど女性客と踏んで、サービス精神旺盛な佐々木はデザートを豊富に揃えることを思い付いた。

まるでフレンチさながら、食事を終えた客の前に、一通りのデザートを出し、客に選ばせる。割烹料理の最後にまさかこんなデザートが用意されていようとは思いも掛けなかっただろうご婦人方は大喜び。歓声を上げて争うように、あれもこれもと無邪気に指差す。

佐々木の料理をじっくり味わうなら、やっぱり夜の方がよさそうだ。

祇園白川の花筏《はないかだ》も何時の間にか流れ去り、藤の紫が目に映る頃、「さゝ木」を目指した。

以前よりはうんと解りよくなった店、それでも連れ合いは、迷いそうだと視線を忙《せわ》しなく移す。

店へと続くアプローチ、細い路地には一際秘めやかな風が流れている。

靴を脱いで上がり込む。

「おいでやす。ようこそ」

佐々木の声を追い掛けるように続く若い衆の声が、大きくなった店を実感させる。

掘り炬燵《ごたつ》式に設えられたカウンター席にゆっくりと足を伸ばす。正面の食器棚、緩やかなカーブを描いた扉の下には、都忘れが可憐な姿を見せ、右手、一枚ガラスの向こうには坪庭の緑が夜の光を浴びている。

ゆったりとした空気は以前の店には全くなかったものだ。これほどに変化した店の空気が佐々木の料理にどんな影響を与えたのか。

劇的、とは言わないまでも、じわり、じわりと、その力強さを増していた。唸る回数が増えたのである。

最初に唸ったのは「活け鮑《あわび》の野菜餡《あんか》掛け」。削ぎ切りにした生の鮑を大皿に並べ、たらの芽、独活《うど》、一寸豆、うるいなどの野菜餡を目の前で掛けまわす、如何にも佐々木らしいダイナミックな料理だ。

生の鮑に餡の熱だけで一瞬に火を通そうという大胆な試みは、見事に成功し、噛み締めると最初軟らかく、しかし、最後には微《かす》かに歯応えを残し、鮑が形をなくしていく。

磯の香りに野山の風が吹き込み、近付く夏を浮かばせる、佐々木浩、会心の一皿である。

続くは「筍の炭火焼」。

洛西大枝の筍を、伊賀の水焜炉でじっくりと焼き上げる。

「結局は素材ですねん。その時期にどんだけエエ素材を手に入れるか。それが僕の仕事ですわ。エエもん使《つこ》たら、間違いなく美味しいなるんです。僕ら、何にもしてませんん」

佐々木の語り口は至って謙虚だが、自信に満ちた眼差しが僕に問い掛けている。

「どうです？　旨いでしょ？」

熱々の筍を噛むと、じわーっとミルクのような淡い甘さが染み出て来る。牡蠣が海のミルクなら、筍は山のミルクだ。シャキッとした歯応えなのに何故か赤ん坊のような滑らかな肌合いを舌が楽しんでいる。朝掘り筍、まさに素材の勝利だ。

満ち足りた僕の表情を確かめて、佐々木は、よしっ、と気合を入れ直して、次の料理に取り掛かった。

佐々木は、気合で、勢いで料理を作る。その様子を端から見ていると、ほとんどアドリブで作っているように見える。事実、隣席の老紳士は、

「即興料理やなぁ。ええ勢いや」

と目を細めて呟いた。

すかさず佐々木が返す。

「ちまちました料理、嫌いですねん。て言うか、よー作らんのですわ。旨いもん、どーんと出して、お腹いっぱいになるまで食べて貰う。それが僕の料理ですねん」

この決め台詞《ぜりふ》が出るのは、佐々木の料理が絶好調である徴《しるし》、期待が膨らむ。

佐々木はしかし、アドリブで料理しているのでは勿論ない。どれもが、じっくりとアイデアを練り、試行錯誤の繰り返しから生れた料理である。

〆のご飯が土鍋で出て来た。蓋を取ると煮穴子が丸ごと牛蒡の入った炊き込み御飯の上に

のっている。

もうもうと湯気が上がるやいなや、佐々木は温泉玉子を割り入れ、刻み壬生菜《みぶな》を散らし、手早く杓文字《しゃもじ》で掻き混ぜた。目が、鼻が、既に味わっている。食べる前から唸ってしまう。

小振りの茶碗に装《よそ》い、黒七味をぱらっと振って食べる。これは旨い。旨いに決まってる、と食べる前から思っていた、それ以上に旨い。

新牛蒡の荒い野味と、これから旬を迎える穴子の繊細な潮の香り、それを玉子の黄身がふうわりと包み込み、時折壬生菜が青い風を吹き込む。

ひと口食べる度に唸り、唸っては又お代わりをし、佐々木の狙い通り、お腹がいっぱいになった。

一見、大胆に見えて、食べてみると、実は相当緻密な計算の上に成り立っている料理だと解る。

これが佐々木の料理の一番の特徴である。繊細を隠し、大胆を見せる。そんな佐々木の振る舞いは、本音と建前を使い分ける京都人の心根と全く同じ、相手に対する気遣い故のことなのである。

男振りのいい大胆な料理、客がそう認め、それを期待して食べに来ることが解っているから、佐々木は緻密な計算を見せずに敢えて大胆を見せる。ならば客も、繊細は、見て見ぬ振りをする。この阿吽の呼吸が一層の京都らしさを醸し出しているのである。

米村昌泰「よねむら」

祇園下河原。京都が最も美しい京都を見せるところである。八坂神社の鳥居から直ぐ近くの石塀小路まで、京都へ来たなら必ず歩きたくなる界隈だ。

米村昌泰が二〇〇一年春、二軒目の店を定めるに、この地、祇園下河原を選んだのは極めて正しい選択だったと僕は思う。

米村が九三年、三十歳にして初めて店を開いたのは木屋町二条、ビルの一階だった。決して悪い店ではなかったが、空気が流れないという大きな欠点があった。

二枚の扉で下界と隔絶された店内では、外の空気が全く解らない。寒いのか暑いのか、風が強いのか、雨は止んだのか。調理をしながらそれらが全く解らないことに米村は苛立ちを覚えていたという。

「料理しながらでも、外の空気が解る、いうか、感じられる店、そんな店が欲しかったんです」

店を移して半年余りが過ぎた秋晴れの昼下がり、ようやく新しい店での動きに慣れてきたと、笑みを浮かべて米村は、大きな一枚ガラスの向こう、庭の木々に目を遣《や》った。

料理と外の空気は決して無縁のものではなく、その日の気候、湿度や温度によって、微妙に味付けを変えるのは、料理人にとっては当たり前のこと。その環境が整ったのは、米村にとって何よりの武器になった。

祇園下河原にある古い町家。これが米村の新しい舞台である。

しっとりとした町並みと同じ濡れ加減の前庭を横目に通り抜け、扉を開けて中に入ると、二階へと続く階段が真っ直ぐに延び、吹き抜けの空間には十七のカウンター席とオープンキッチンが広がっている。

奥には離れ、二階には畳敷きの個室やテーブル席、これまでになかったスペースも出来たが、カウンター席の様子は以前とさほど変わらない。

席に座って右手に広がる大きな一枚ガラスを挟んで、窓の向こう側には前庭の緑が目に優

よねむら

しい。カウンターの中の米村からは左手に絶えず外の景色が見えている筈だ。

町家ならではの高い天井に、客席のざわめきが響き、オープンキッチン特有の、調理が交叉する喧騒が絡み合う。日本料理店の静寂とは異なる、様々な和音の重なりが心地いい。

カウンターの外側では、ゆったりとしたリズムで長閑《のどか》なメロディーが奏でられているが、カウンターの内側では、激しい8ビートが刻まれている。

十人は居るのだろうか、大勢のスタッフがそれぞれの持ち場で仕事をこなしている。満席の客に、スムーズに料理を出す為に無駄に出来る時間などない。真剣な表情は時として、無愛想に映ることがある。

「よねむら」を評して、スタッフサーヴィスがもう少しハートフルなら、という声は少なくない。或いは、以前の店の、のんびりした空気が懐かしい、という声も僕の耳によく届く。

新店をオープンして二、三か月経った頃だったろうか、取材を依頼して、撮影現場に立ち会った。昼の営業が終わって、夜の仕込みがはじまる、その僅かな隙を狙っての料理撮影だったが、ちょうど賄《まかな》いの時間と重なった。

中身ははっきり解らないが、丼のようなものに見えた。若いスタッフが拵えたそれを、米村をはじめ、スタッフ全員が立ったまま食べはじめた。カウンターに新聞を広げ、目に付いた記事を話題にしながら丼を掻っ込み、あっという間に食事は終わった。この間、三分も掛ったただろうか。

「ごちそうさま」

順に箸を置き、器を下げて、又、持ち場に戻って仕込みに掛かる。

それはまるで戦場のような光景だった。

「毎日、こんなんですわ」

米村が苦笑いした。

もとより愛想を振り撒くような店ではないが、スタッフ全員が余裕を持って仕事を出来るようになるまではまだ少し時間が必要なのかも知れない。

尤も、ろくな仕事も出来ないのに、やたら愛想笑いを浮かべるスタッフ揃いの店よりは遥かにいいと僕は思っているのだが。

それはさておき、米村が作る料理を何と呼ぶか。これに雑誌を中心としたマスメディアは相当苦労しているようだ。

何でもジャンル分けしないと気が済まない性質《たち》なのか、曰くフランス割烹、京風フレンチ、など様々な枕詞《まくらことば》を付けているが、米村自身は一向に気にする様子がない。

「好きなように呼んで貰《もろ》て結構です、て言うてるんですわ。そんなん考えて料理してんのと違いますしねぇ」

混乱させて楽しんでるフシすら窺える。その遊びが最も顕著に表れるのが器遣いである。米村は器を奔放自在に操る。

時として器に使われている憐れな料理人が居るが、米村は「器は所詮器」と割り切っている。だからこそ、スージー・クーパーのカップ&ソーサーや、古伊万里みじん唐草の豆皿、近藤悠三の平皿などを平気で使うのである。コレクションケースに飾ることもなければ、殊更に吹聴《ふいちょう》する訳でもない。客がそれと気付かなければ、それはそれでよしとする。そんな潔さも又、米村の魅力である。

器は更に混乱を呼び、ジャンルどころか、料理名ですら、どう呼んでいいものか、解らない時がある。

サツマイモを細かく刻んでご飯と一緒にリゾット仕立てにし、ソテーしたフォワグラをのせて、上に水菜を散らしてある。

フォワグラの下にリゾットが付いていると思うか、リゾットの上にフォワグラが付いて来たと思うか、それは食べる側の判断だろう。フォワグラが主か、リゾットが主か、そんなことはどうでもいい、食べて美味しければいいのである。だが、世の料理評論家達はここに疑問を呈する。「何を食べさせたいのかが解らない」と。

或いは牡蠣フライ。

ソーサーを従えたカップに、大振りの牡蠣フライが二個、その上から甘酸っぱいフルーツソースが掛かっている。

ちょうど或る雑誌で、牡蠣フライは、ウスターソースがいいか、タルタルソースがいいか、という原稿を書いた後だったので、このフルーツソースには参った。この手があったのか、と。既成概念に囚われない米村の発想から生み出される料理、これをどう楽しむか、がこの店の魅力を大きく左右する。

米村の料理は概して、足し算である。

例えば僕の好きなのに、こんな一皿がある。

もち米を小さなおにぎり状に丸めたものを焼いて、その上にトロと生ウニをのせ、バルサミコを絡める。これを一口で食べる。嚙み締めると、歯応え、風味、香り、それぞれ全く異質なものが、口の中で混ざり合い、重なり合うことで見事なハーモニーを奏でる。これまでに食べたことのない、妙なる味である。

指で摘んで食べるので、指先に残ったソースをそっと、最後まで舐める。たとえ行儀悪く見えても構わない、そう思わせる魔力のある不思議な味わいの重なりだ。トロだけで、ウニだけで食べるより、うんと味に奥行きが出る。

トロ、生ウニ、トリュフ、フォワグラ、キャビア、世に言う高級食材を米村は多用する。それはしかし、決して料理に高級感を持たせる為ではない。使う理由はただひとつ。美味しいからだ。

美味しいものと美味しいものを掛け合わせたら、どんなに美味しくなるだろう、米村の料理はそんな素直な発想から生まれたものに違いない。そして、これこそが料理の原点であると確信している。すべて料理の出発点はここにあったのではなかったか。食材の持ち味をそのまま生かす、これが昨今の料理の正統派の流れ、言い換えれば原始回帰である。

厳選した食材を塩だけで食べる、は必ず喝采を浴びる。更には塩すらもなくして、例えば、採り立ての野菜をそのまま齧ったのが一番旨い、そう断言する料理人が居て、それに最大級の賛辞を贈る人達が居る。

だがそれは必ずしも料理としての進化を意味しないと主張するには、かなりの勇気が要る。今、それを、さり気なく主張しているのが米村なのである。醤油の風味を、ブイヨンの旨みを、バルサミコの甘酸っぱさを加えた方が、より美味しくなるのなら、何を躊躇することがあるだろう。美味しさの足し算。

どんなに美味しい和食であろうとフレンチであろうと、若《も》しくは焼肉だったとしても、塩だけで、最初から最後まで、塩だけを調味料として食べて、飽きないだろうか。蕎麦つゆでなく、蕎麦を水だけで、塩だけで食べて本当に旨いと言えるのだろうか。

シンプルな味付けが必ずしも最良だとは限らない。僕はそう思うのだ。

化学調味料に慣らされた味覚を、もう一度原点に、より自然な姿に戻そう、というのは勿論悪い流れではない。だが、人間はあらゆる叡智《えいち》を駆使して、貪欲《どんよく》に美味を追求して来た結果、様々な調味料を作り出して来たのだ。食材と調味料との相性、これを探り出すことが料理人にとって永遠の課題であるはずだ。

素材の持ち味を生かすことと、素材の旨みを引き出す為に、あらゆる調味料を合わせようと試みる、は全く矛盾しないことなのである。

美男美女のマリアージュは、その多くが破綻する。だけど米村が仲を取り持てば、それは必ずハッピーエンドを迎える。米村は世にも稀な料理の名仲人なのである。そしてその仲人が腕を振るうのに、祇園下河原は最適な場所である。日本を代表する京都の、最も京都らしい風を存分に取り込むことが出来るからだ。

「ぼちぼち引き算しよかな、と思てるんですわ」

この春に食事をした際、ぽつりと米村が呟いた。

まだ早いのでは、と僕は応えた。

米村はきっと、三軒目を視野に入れているのだろう。それは京都、いや日本ではないのかも知れない。そしてそこで、呆気《あっけ》ないほどの引き算を見せてくれるだろうと期待している。

それまでは存分に足し算の料理を楽しませて欲しいものだ。

中東久雄「草喰なかひがし」

まだ五年を少し越えたばかりである。

銀閣寺の参道に中東久雄が「草喰料理」という耳慣れない枕詞を付け「草喰なかひがし」を開いたのは九七年春のことだった。

直ぐに評判は広まった。しかもすべてが絶賛の声ばかり。まさに一気に駆け上ったたという感がある。いつの間にか京都を代表する店として真っ先に名前が挙がるようになっていた。一番戸惑っているのは当の中東かも知れない。

「ありがたいことです。皆さんに後押しして貰うて、何とかやって来ましたけど、ほんまにあっという間でしたわ」

五年間を振り返るかのように、中東は目を細め、僕も同じように開店当初を憶《おも》い出した。

開店してひと月も経ったか経たない頃、初めて「なかひがし」の暖簾を潜った。走り梅雨が銀閣寺の参道を濡らし、間近に迫る東山の新緑が艶やかに重なり合っていた。

今とは違ってカウンター席には未だ空席が目立ち、ベンガラ色のお竈《くど》さん、その存在が際立っていた。中東はその廻りを幾度も行き来し、料理の仕度に夢中のようだった。

席に着いてから十分ほども経った頃、

「お待たせ致しました」

と、中東自らが、八寸ののった折敷を捧げ持った。僕は慌てて手を伸ばし、恭《うやうや》しく受け取った。

この時、初めて中東の顔を正面から見た。澄んだ目と長い睫毛《まつげ》が印象的で、実直な人柄を窺わせた。

同じ仕種が席の数だけ繰り返され、最後の客に手渡された後、中東の口上がはじまった。

「ようこそお出で頂きました。えー、最初にお出ししました八寸を、えー、少し説明をさして頂きます。えー、先ず手前の方から……」

澱《よど》みないとはとても言えない、朴訥《ぼくとつ》とした語り口だった。客の顔を見る余裕はなく、俯《うつむ》き加減で、それでも一生懸命、料理の内容を説こうとする熱意は充分に伝わり、客は皆、満足気に箸を取った。

季節を象《かたど》った八寸、それはこれまで、京都の日本料理屋で見たのと、全く異なる眺めだった。華美を排しながらも、その景色は余りにも美しく、まるで初夏の野山を切り取ったかのように、くっきりと季節が浮かび上がった。山野草や川海老、鯖、素朴な味わいが却《かえ》って洗練を感じさせた。

鯉の造り、蕨《わらび》の海苔巻きなど、最初の八寸と同じ空気が流れる皿が続き、ようやく「草喰」の意を掴み掛けた頃、何ともいえずいい香りが漂って来た。と、同時に胸がきゅん、と締め付けられるような思いがした。

デジャビュ、遠い記憶を辿ると、子供の頃の夕暮れ時、家路を急ぎ、必ず近所の家々から、ぷーんと流れて来た匂いに繋がった。ご飯が炊き上がった徴である。

香り、色艶、味わい。すべてに完璧を思わせる白いご飯。何膳もお代わりを重ね、その度に中東の表情が緩んでいった。

不思議なことに、一膳目より二膳目、と、段々旨みが増していくように思えた。何の味も付いていない、ただの白飯がどうしてこんなに旨いのか、驚きの内に夢中で食べ続けたのを、今もはっきりと覚えている。

それまでにも、様々な店との出会いがあったが、身震いする程の衝撃を受けたのは、この時が初めてだった。これからもきっとこの出会いを超えることはないような気がする。それほどに初めての「なかひがし」に感動を覚えたのである。

爾来、人に会う度にこの感動を伝え、店を訪ねることを強く奨めた。人から人へ、集中するマスメディアも手伝って、瞬く間に「なかひがし」の名は広まった。この五年の間に、幾度「なかひがし」の暖簾を潜っただろうか。数え切れない程の白飯を食べ、初めて出会う山の幸を幾つ覚えただろうか。山菜、キノコ、野菜、如何にそれまで何も知らずに食べていたか、中東に教わったことは数知れない。

中東に出会って、僕の日本料理観は大きく変わった。だが、中東は五年前と、いや、それ以前から変わらぬ姿勢で料理を作り続けている。変わったのは周りだけなのだろう。

京都を訪ねたなら、必ずやその料理の一端に触れて欲しいと願うのだが、残念なことに、予約で満席ということが多い。昼夜とも、週末なら三か月前に予約をしたのでは遅いくらいである。

運良く、予約が取れたとしよう。折角の「なかひがし」、何をどう楽しめばいいのか、とことん味わい尽くすコツをお教えしよう。運悪く予約が取れなかった方には、仮想「なかひがし」を楽しんで頂ける筈だ。

場所は銀閣寺参道に面した疏水端。タクシーなら交番前と言えば、「なかひがし」の前に着く。時間にゆとりがあれば、食事の前に「哲学の道」を散策すればいい。春の桜、秋の紅葉、何れ劣らぬ見事な姿を小さな川面に映し出す。

さて店の前に立って、暖簾を潜る前に、右手に掛かる木札を読む。

「お竈さんで炊いたご飯と、炭火の肴に山野草を添えて」

中東自らが筆を取った店の心構え、じっくりその心を受け止めてから店に入る。

「ようこそ」

中東が仕事の手を止め、優しい眼差しで迎え入れてくれる。

用意された椅子に腰掛ける。目の前には、あのお竈さんがある。そこには既に炭が入り、網にのる魚を待っている。

時間と共に席が埋まり、やがて、開演を待つ舞台のような賑わいが客席にこだまする。中東をはじめとするスタッフ達は、黒子のように料理の仕度を続ける。

さて、料理を待つ間、「なかひがし」のカウンターを撫でてみる。艶やかな漆が掛かって

草喰なかひがし

いる。これは毎年暮、営業が終わった翌日に、中東と、この店の参謀役でもある杉原明、二人だけで漆掛けを改める、その成果である。

　傷を均《なら》し、その年の役目を終えた漆を剝《はが》し、新たな漆を掛ける。これを毎年二人だけで繰り返す。作業をしながら中東はその年を振り返る。様々が甦る。あの時、こうすればよかっただろうか、間違いはなかったか。この時間が充実しているようで、怖い時間でもあると中東は言う。

　そんなことを五度繰り返したカウンターの漆である。

　八寸が手渡される。「なかひがし」の

ハイライト。中東の言葉があるまで箸は取らない方がいい。先ずはじっくりと見渡す。やがて中東の説明を聞き、八寸を味わう。

ここに閉じ込められた季節、その景色に思いを馳せる。それは、ここ銀閣寺界隈のこともあれば、中東の故郷、洛北花背のこともある。それを推し測るのも又、楽しいこと。

次に出て来るのは白味噌椀。冬は勿論、夏でもこの椀が出ると、ほっと一息吐く。通常、日本料理店では、この椀で、店の実力を測ると言われ、多くは研ぎ澄まされたような澄まし汁だが、「なかひがし」では全く逆で、丸く優しい味わいの味噌味だ。しみじみと、ほっこりとこの白味噌椀を味わうがいい。

この味噌は実は中東の妻仁子の実家が商っている物である。鯖街道の終点にある出町枡形商店街に程近い「しま村味噌」、ここの特製味噌でないとこの味は出ない。概して京都の白味噌は甘ったるいものだが、この「しま村」の味噌は全く別物。さらりとしたあと口の白味噌なのである。

味噌椀の後は造り。これは決まって鯉である。しかも洗いでなく、造りであることが中東の真骨頂。川魚特有の臭みもなく、白身魚の淡白な味わいだけを残している。この鯉は、店の床下の生簀《いけす》で泳いでいる。湧き水を張った生簀でじっと出番を待っているのだ。洗いにせずとも、臭みもなくさっぱりと食べられる鯉はこの店ならでは。細かく刻んだ皮も又独特の風味で、珍味といってもいいだろう。他では決して味わえないものだ。

この後は、季節によって、炊き合わせや鍋仕立てへと続く。

次に見るべきは竈の炭火。きっと網が掛けられ、何かを焼くべき準備がはじまる。夏なら鮎。秋なら松茸、冬は鴨、などなど。

これが「なかひがし」の大きな楽しみである。多くは脂をたっぷり含んだ肴を焼くので、もうもうと煙が上がる。客席にも勿論煙が流れて来る。それを煙《けむ》そうに目を細めながら食事を進めるのが「なかひがし」流。遠い昔、焚き火を囲んで食事をしただろう祖先に倣う。

炭火で燻された肴を存分に味わったなら、いよいよ最後のメインディッシュ、ご飯と目刺しが待っている。

赤い竈《かまど》の左手、二つの焜炉がある。何れかに陶の羽釜が掛かり、鍋蓋の隙間から、ぶくぶくと泡立っているのが見える筈だ。今しもご飯が炊き上がるのだ。と、同時に右手の炭火では目刺しが焼かれる。

ぴかぴかと光り輝くご飯の一粒一粒をじっくり味わって食べる。遠慮は全く要らない。食べられるだけお代わりを頼む。もう、これ以上は入らない、ところまで食べる。それでも帰り途で、もう一杯食べたかった、と必ず悔いるくらいだから。

最後のデザートも楽しい。見た目も美しく、意表をついた食材が出て来るだろう。食事の余韻をゆっくり味わう。更には、煎り番茶、金平糖《こんぺいとう》と醍醐《だいご》で名残を惜しむ。

こうして「なかひがし」の食事は終わる。昼夜共に、客は一度しか取らないから、落ち着いてゆっくりと味わえるのが何より嬉しい。


極めて完成度の高い料理、それは勿論五年間で体得したものだけではなく、多くは洛北花背「美山荘」時代に作り出したものである。

「美山荘」先代主人だった亡兄中東吉次は、共に「美山荘の摘草料理」を完成させた久雄に早くから独立を奨めていた。宿の世襲を決めていた吉次が久雄の行く末を案じ、無用の軋轢《あつれき》を避けようとの思いもあってのことだった。

久雄がやがて、生まれ育った故郷花背を離れ、京都下鴨に居を構えたことを、吉次は我が事のように喜んだという。そしていよいよ次は店だ、という時に吉次は病に倒れ、銀閣寺の「草喰なかひがし」を見ることもなく帰らぬ人となった。

亡き兄の遺志を尊重し、久雄は店を開く際、頭の中にある料理以外、何一つ持ち出すことなく、ゼロからのスタートを切った。

開店当初必ず付け加えられた、「あの美山荘の弟さんが開いた店」、そんな形容詞は周りが勝手に付けたもので、久雄本人は、「美山荘」を引き摺ったまま店を開いたのでは到底なかった。

「草喰なかひがし」はただ、中東久雄という一人の料理人が開いた店であると。

それでも、

「料理してる時に、ふと、ここに兄を感じることがあるんです」

そう言って、中東は右の肩の辺りを指した。

「誇り高く、心平らかに生きよ」

吉次が久雄に残した最後の言葉である。

中東久雄は、まさにその通りの料理を作っている。「なかひがし」の料理に心安らぐのは、こんなところにもその所以がある。

佐々木、米村、中東、彼ら三人の店は、今、恐らく京都で最も予約の取り難い三軒であろう。それは取りも直さず、彼らの料理を認め、求める人が多いことに他ならない。

料理は時代と共に変わり行くものである。それはどれほど長い歴史を誇ろうとも全く同じである。京料理と呼ばれるものも勿論同じ定めにある。

京料理、それが何を表し、どんなものであるかを断じることにどれ程の意味があろうか。今一番京都で輝いている料理、それで充分ではないのか。「京」を付けようが付けまいが、彼らの料理には微塵《みじん》の変化もない。

迷宮の高みに昇り着いてみると、そこには地名も境界も全く無縁の、果てしなく続く澄み切った空が何処までも広がっていた。

あとがき

きっかけは書店だった。

僕は毎日一度は本屋を覗かないと安心出来ない性質で、京都で仕事をしている時は、決まって北大路の大垣書店を覗く。初めてこの本屋に入ったのは小学三年生の頃だから、かれこれ四十年の付き合いになる
毎日通うのだから、当然レジのオネエサンとも顔馴染みになる。

或る時、そのオネエサンが、

「私の友達のご主人が、今度、お店しはってん。行ったげて」

そう言ってショップカードを、買った本の間に挟んだ。

帰って、本を広げると、カードには「草喰なかひがし」とあった。なかひがし、から中東を、草喰から摘草を連想した。

僕が「なかひがし」を訪ねようと思ったきっかけは、興味半分、義理立て半分だったのである。それからの付き合いが、一冊の本を書くにまで結び付いたのだ。

京都に住まう、とはそういうことである。グルメ情報や評判を聞いて訪ねた店より、知人の紹介や義理立てで訪ねた店の方が遥かに多いのだ。

京料理、京都の食を書いてみようと思ったのは、あまりに画一的に描かれた京都が多過ぎるからである。雑誌の京都特集は言うに及ばず、所謂京都本も、一面だけの京都しか見せないのがひどく気になった。

京都に移り住んだ方がお書きになった本。なるほど今の京都のあるべき姿や過ごし方など、よく描けているな、とは思うものの、何処かで足が宙に浮いたように、昔と繋がらない部分があるのだ。

或いは京都から移り住んだ方の書かれた本。古き良き京都の描写は生き生きとして、真に見事なのだが、今の京都になると、すべてを認めるような遠慮がちな文章に変わってしまう。

京都に移り住んだ方から抜け落ちた過去、京都から移り住んだ方に稀薄な現在、これを繋げることが出来ればいい。そう思って書きはじめたのが本書である。

ご登場願った料理人の方々には、何の断りもなく書いた上、敬称までをも略してしまった。

失礼の段、お詫び申し上げる。

アルファベットで書き記した方々には、恐らくご自分のことだとお気付きになるだろう。今後のお店に役立てて頂ければ何よりである。決して糾弾するだけが目的ではないので、読者の方々の余計な詮索は無用である。

過ぎた言葉もあるが、書き足りないこともある。京都に生まれ育って五十年。愛して止《や》まないが故に、思いは尽きることがない。

京都には様々な顔があり、それぞれに魅力的であることを知って頂けたなら嬉しい限りである。

平成十四年長月

柏井壽

「カフェ・リドル」中京区木屋町通三条上ル二筋目角CEO木屋町ビル2F
「珉珉」中京区木屋町三条南入ル
「ミスターギョーザ」南区唐橋高田町42
「泉門天」東山区花見小路新橋下ル東側「竹会館」１Ｆ
「ワンワン」北区上賀茂朝露ヶ原町30-19
「一保堂」中京区寺町通二条上ル

【第八章】

「祇園さゝ木」東山区祇園町北側347-100
「よねむら」東山区八坂鳥居前下ル清井481-1
「草喰なかひがし」左京区浄土寺石橋町32-3

「おかる」東山区祇園八坂新地富永町132 おかるビル１Ｆ
「わかどり小林」北区小山西花池町32-10
「ぎをん縄手とり安」東山区縄手通新橋上ル西側
「鳥彌三」下京区木屋町通四条下ル

【第六章】
「相生餅食堂」北区小山下内河原町
「グリルはせがわ」北区小山下内河原町68
「李白」北区小山西上総町21-1
「みなとや食堂」北区小山北上総町81

【第七章】
「東龍」左京区北白川上別当町１番地 第２青山荘１Ｆ６号
「新福菜館」下京区東塩小路向畑町569
「本家第一旭」下京区高倉通塩小路下ル東塩小路向畑町845
「ビストロさか」東山区祇園八坂新地富永町132おかるビル２Ｆ
「雲心月性」左京区下鴨松原町28
「通し揚げそば鶴」左京区高野玉岡町74
「本家尾張屋」中京区車屋町通二条下ル
「いづう」東山区八坂新地清本町367
「鯖街道 花折」左京区下鴨宮崎町121
「つまみ寿し花梓侘《かしわい》」北区小山下内河原町3-3
「スタンド」中京区新京極通四条上ル
「ビストロ・スポンタネ」東山区宮川筋4-321-6
「じん六」北区上賀茂桜井町67
「もうやん」北区上賀茂桜井町88第2メゾンナカジマ1階
「なからぎ」北区上賀茂岩ヶ垣内町89-1
「塩釜」左京区一乗寺西閉川原町29-13
「柚屋」北区烏丸通鞍馬口下ル
「はせ燦」左京区一乗寺松原町136
「山家」左京区下鴨西本町7-3
「イノダコーヒ」中京区三条通堺町東入ル桝屋町69番地
「進々堂」左京区百万遍京都大学北門前
「カフェ猫町」左京区白川北大路下ル二筋目西入ル
「アッサム」左京区浄土寺上南田町65志津屋ハイツ1階南側

「大市」上京区下長者町通千本西入ル六番町

【第五章】

「みしな」東山区高台寺二年坂畔
「富士屋」東山区祇園下河原町478
「たから船」東山区祇園富永町切通し西入ル たからぶねビル1F
「開陽亭」中京区先斗町通四条上ル柏屋町173-3
「萬春」上京区北野上七軒
「千疋屋」上京区大宮通寺之内上ル前之町460
「ビフテキ・スケロク」上京区今出川通千本西入ル北側
「丸太町東洋亭」上京区河原町通丸太町上ル東側
「桃園亭」下京区河原町通四条下ル稲荷町335
「東華菜館」下京区四条大橋西詰
「糸仙」上京区今出川通七本松西入ル真盛町729-16
「竹香」東山区新橋花見小路西入ル
「翠雲苑」東山区花見小路四条下ル二筋目西入ル祇園町南側
「鳳舞」北区出雲路松ノ下町11
「ハマムラ」中京区河原町三条下ル
「俵屋旅館」中京区麩屋町姉小路上ル
「要庵西富家」中京区富小路通六角下ル
「大国屋」中京区錦小路通富小路西入東魚屋町177
「かね庄」東山区縄手通三条下ル
「松乃」東山区四条通大和大路西入ル中之町213
「松乃鰻寮」左京区岩倉木野町189
「かねよ」中京区新京極六角東入ル松ヶ枝町456－2
「廣川」右京区嵯峨天龍寺北造路町48
「う」東山区祇園西花見小路四条下ル
「梅乃井」上京区大宮通寺ノ内上ル
「三嶋亭」中京区寺町三条下ル
「十二段家」東山区祇園町南側570-128
「なり田屋」上京区河原町荒神口東入ル
「北山」北区紫竹西野山56番地クレセント三宝１Ｆ
「ひさご」東山区下河原通八坂鳥居前下ル下河原町484
「権兵衛」東山区祇園町北側254
「西陣鳥岩楼」上京区五辻通智恵光院西入ル

店舗所在地一覧
(すべて京都市内です)

【第一章】
「鳥居本」東山区祇園町南側570-8
「森嘉」右京区嵯峨釈迦堂藤ノ木町42
「麩嘉」上京区西洞院椹木町上ル
「草喰なかひがし」左京区浄土寺石橋町32-3
「とり市」中京区寺町通三条上ル

【第二章】
「菱岩」東山区新門前大和大路東入西之町213
「ますだ」中京区先斗町四条上ル
「平野家本家」東山区円山公園知恩院南門前
「平野屋」右京区嵯峨鳥居本仙翁町16
「京懐石美濃吉本店竹茂楼」左京区粟田口三条広道上ル

【第四章】
「千ひろ」東山区祇園町北側279-8
「四季宴　阪川」東山区祇園町南側570-199
「吉膳」東山区祇園花見小路富永町西入日宝ラヴール祇園1階
「河玄」左京区岩倉南三宅町11番地
「河繁」中京区河原町三条下ル東入
「河久」中京区木屋町三条上ル大阪町518
「祇園丸山」東山区祇園町南側570-171
「建仁寺　祇園丸山」東山区建仁寺正門東入ル
「何必館」東山区祇園町北側271
「細見美術館」左京区岡崎最勝寺6-3
「河井寛次郎記念館」東山区五条坂鐘鋳町569
「菱岩」東山区新門前大和大路東入西之町213
「さか本」東山区祇園末吉町大和大路東EFビル1階
「割烹　忘吾」中京区木屋町三条上ル

柏井壽（かしわいひさし）
1952年生まれ。'76年大阪歯科大学卒業。京都市北区にて歯科医院を開業。生粋の京都人であることから京都関連の、更には生来の旅好きから、旅紀行のエッセイを執筆。『dancyu』（プレジデント社）、『旅』（JTB出版事業局）、『obra』（講談社）等を中心に活躍。著書に『泊酒喝采』（朱鷺書房）。
2002年からはテレビ朝日系列の旅番組『旅の香り時の遊び』で旅監修も担当。「京都」と「旅」のスペシャリスト。

京料理《きょうりょうり》の迷宮《めいきゅう》　奥《おく》の奥《おく》まで味《あじ》わう

2002年9月20日初版1刷発行

著　者 ── 柏井壽
発行者 ── 松下厚
装　幀 ── アラン・チャン
印刷所 ── 堀内印刷
製本所 ── 関川製本
発行所 ── 株式会社光文社
東京都文京区音羽1　振替00160-3-115347
電　話 ── 編集部03(5395)8289　販売部03(5395)8112
業務部03(5395)8125
メール ── sinsyo@kobunsha.com

ISBN 4-334-03159-5

光文社新書

042 映画は予告篇が面白い 池ノ辺直子

「フラッシュダンス」、「トップガン」、「ゴースト ニューヨークの幻」、「ボディガード」――予告篇制作の第一人者が語る、予告篇が本篇より面白い理由とその編集術。

043 ビール職人、美味いビールを語る 山田一巳・古瀬和谷

キリンビール『ハートランド』『一番搾り』など数々の名品を世に送り出し、いまも理想のビール作りを追求する職人が語る〝美味い〟ビールとは？ ものづくりの〝極意〟とは？

044 パティシエ世界一 東京自由が丘「モンサンクレール」の厨房から 辻口博啓・浅妻千映子

フランスの洋菓子コンクール「クープ・ド・モンド」で優勝、世界一に輝いたパティシエの店が、東京自由が丘の「モンサンクレール」。'98年の開店以来、客を行列させ続ける、パティシエの発想、ケーキの魅力に迫る！

045 カラー版 温泉教授の日本全国温泉ガイド 松田忠徳

「いったいどこの温泉に行けばいいんだ!?」料理や接客の素晴らしい宿の極上湯から野趣溢れる天然の露天風呂まで、心身ともに癒される二二七湯三七八軒を紹介！

046 米中論 何も知らない日本 田中宇

タリバン崩壊後、世界地図はアメリカと中国によって塗り分けられていた。米中関係史と、現地取材を元に、二十一世紀の世界を読み解く。日本の明日は？

047 マハーバーラタ インド千夜一夜物語 山際素男

〝ここにあるもの総ては何処にもあり、ここに無いものは何処にも無い〟世界最大の叙事詩のユニークで含蓄に富んだ挿話から厳選した古代インドの深い〝智慧〟の物語。

048 腕時計一生もの 並木浩一

『ロレックス』『オメガ』『エルメス』――誰もが一度は身に着けたい腕時計の魅力を、ウォッチジャーナリストの第一人者が解説。機械式腕時計入門書の決定版。